Von Büchern & Lesern

Schöffling & Co.

Umschlagbild
von Wolf Erlbruch

Einmalige Auflage im Oktober 1995

Nachweise am Schluß des Bandes
Satz: Reinhard Amann, Aichstetten
Druck & Bindung: Clausen & Bosse, Leck
ISBN 3-89561-901-9

»Es gibt keine andere Art,
einen Roman zu schreiben,
als ein Wort hinter das andere zu stellen,
bis 300 Seiten voll sind.
Daran kommt niemand vorbei.«
Guillermo Cabrera Infante

Inhalt

Von Büchern & Menschen,

so, liebe Leser, hieß dieses jährlich erscheinende Buch von 1987 bis 1994. Es erschien bis 1992 in der Frankfurter Verlagsanstalt Schöffling & Sonnenberg GmbH, als diese von ihren Gründern geleitet wurde. 1992 kam es zum vorläufigen Ende des Verlages, da ein Gesellschafter den Verlag an sich zu bringen trachtete. Der *Tages-Anzeiger* aus Zürich nannte dies »... Methoden, die sonst in der Grauzone der Wirtschaftskriminalität anzutreffen sind ...«

Die Autoren des Verlages erklärten, mit diesem Verlag nicht mehr zusammenarbeiten zu wollen, sie mißtrauten dem neuen Eigentümer und forderten die bisherigen Verlagsmitarbeiter auf, einen neuen Verlag zu gründen, dem sie ihre kommenden Bücher anvertrauen wollten.

So wurde 1994 der Verlag Schöffling & Co. in Frankfurt am Main gegründet, in den nahezu alle der erwähnten Autoren eintraten, und der seitdem ihre Bücher veröffentlicht. *Von Büchern & Menschen* erschien nach einjähriger Pause ebenfalls 1994 wieder.

Die heutigen Eigner der Frankfurter Verlagsanstalt hielten es für nötig, dem Verlag Schöffling & Co. die Benutzung des Titels *Von Büchern & Menschen* durch ein Gericht untersagen zu lassen, darüber hinaus forderten sie Schadenersatz.

So heißt dieses Buch von nun an *Von Büchern & Lesern*

und bietet Ihnen einmal jährlich Wahres und Erfundenes aus der Welt der Literatur, der Bücher, der Autoren, der Buchhandlungen und Verlage, dazu immer wieder Einmaliges, wie in dieser Ausgabe die »Bestenliste« der Kritiker, aufgestellt von Autoren.

Von *Büchern & Lesern* ist für sie, die Leser gemacht, für jene »... noch geheimnisvolleren und selteneren Vögel als die guten Autoren.« (Jorge Luis Borges)

Eva Demski, Patch-Poems:

Fühlst Du dich jäh im Sturm erobert
war's ein Poem von Gernhardt, Robert

(siehe auch die Seiten 21, 40, 46, 59, 101, 117, 126 und 142)

Michael Schulte
Anfänge

1. Ich wasche mir jeden Tag die Haare.
2. Meine Wahrsagerin versichert mir, ich habe schon einmal als Maya-Priester gelebt.
3. Die Aussichten sind schlecht.
4. Eigentlich wäre ich lieber Maler geworden.
5. Oder Komponist.
6. Maurice de Vlaminck und André Derain lernten sich in einem Zug nach Paris kennen. Auf der Stelle beschloß Vlaminck, auch Maler zu werden.
7. Ich war mehrmals in meinem Leben verlobt.
8. Vor ein paar Jahren habe ich einen Hund vergiftet.
9. Mit Recht weigerte sich der Schneider, mir seine Schere zu leihen.
10. Er konnte an diesem Morgen nicht ahnen, daß der letzte Tag seines Lebens angebrochen war.
11. Nie hatte ich den Wunsch verspürt, eine Prinzessin zu heiraten.
12. Das Berühren der Waren ist verboten.
13. Die Mayas haben ihre Feinde enthauptet und mit den Köpfen Fußball gespielt.
14. Es gibt kein schöneres Erlebnis als eine einsame Gipfelrast.
15. Noch ein Bier, bitte, noch ein Bier! Ich will noch nicht nach Hause gehen.

16. Kaum jemand weiß, daß Bismarck in seiner Freizeit leidenschaftlich gerne Pullover strickte.
17. Schon wieder einen Tag älter geworden.
18. Die Vergangenheit wird immer länger, die Zukunft wird immer kürzer.
19. Hopfen und Malz, Gott erhalt's.
20. Ausgerechnet heute hatte ich vergessen, mir eine Tageszeitung zu kaufen.
21. Lassen Sie die Finger von Leberwürsten, essen Sie lieber Käse.
22. »Wer weiß, wofür's gut war«, pflegte meine Mutter in solchen Fällen zu sagen.
23. Ich habe schon seit dreißig Jahren keinen Schneemann mehr gebaut.
24. Die Amerikaner wollen den Mond sprengen, um eine Klimakatastrophe zu verhindern.
25. Früher waren die Menschen glücklicher.
26. Die Katze ist ein kluges Tier.
27. Bescheidenheit ist eine Zier.
28. Wenn ich auf dem Sofa oder Bett liege, mich also in waagrechter Lage befinde, verspüre ich nicht den geringsten Wunsch, zu rauchen oder zu trinken.
29. Ich habe in letzter Zeit erschreckend zugenommen; da fruchtet ein Obsttag auch nichts mehr.
30. Meine Frau verprügelt mich.

Das ist doch keine Geschichte.

Natürlich nicht. Das sind Anfänge von Geschichten.

Und?

Der erste Satz ist entscheidend. Der erste Satz ist die

Keimzelle. Ich weiß selbst nicht, wie es weitergeht, geschweige denn, wie es endet.

Was?

Ich finde beim Schreiben heraus, wie die Geschichte verläuft.

Das ist doch einfach das letzte; du machst dir nicht einmal die Mühe, dir eine ordentliche Geschichte auszudenken, ehe du anfängst?

Dem Leser kann's doch egal sein.

Und diese ersten Sätze?

Ich werde sie fein säuberlich ausschneiden und in einen Hut werfen. Dann werde ich so lange in Künstlerkneipen gehen, bis ich eine alleinstehende Dame nach meinem Geschmack finde. Ich werde ihr den Hut präsentieren und sie einen Streifen ziehen lassen. Madame, werde ich sagen, heute in einer Woche, gleiche Zeit, selber Ort, darf ich Ihnen die fertige Geschichte überreichen, die selbstverständlich Ihnen gewidmet sein wird.

31. Ich lud meinen Revolver nach.
32. Zweiundzwanzig Haie schwammen auf mein Rettungsboot zu.

Verstehe, Literatur als Anmache. Dir ist wirklich jedes Mittel recht. Und warum läßt du *mich* nicht einen Schnipsel aus dem Hut ziehen?

Weil du meine Erzähltechnik offenbar ablehnst.

Und die Tussi in der Künstlerkneipe?

Muß man dann sehen.

Laß mich aussteigen, laß mich sofort aussteigen!

33. Der Taxifahrer tritt auf die Bremse.
34. Unseren Kindern soll es einmal bessergehen.
35. Schon beim Aufwachen hatte ich so ein ungutes Gefühl.

Soll ich Charlotte anrufen und fragen, ob sie gut nach Hause gekommen sei? Besser noch zwei, drei Tage warten. Nein, ich werde überhaupt nicht anrufen, sie soll mich anrufen. Vielleicht hat sie ja auch mit mir Schluß gemacht, ohne daß ich mir dessen bewußt bin. Im Moment täte mir das leid, denn wir haben eine wunderbare sexuelle Beziehung. Allerdings nervt es mich zuweilen, daß sie mir das Rauchen und Trinken abgewöhnen und frühes Aufstehen angewöhnen will. Zudem können wir uns nie am Wochenende sehen, da sie Freitag abend Frauengruppe hat und dann zwei Tage lang unerträglich ist. Angenommen, ich hätte Montag abend Männergruppe und wäre dann ebenfalls zwei Tage unerträglich, könnten wir uns nur donnerstags sehen, da ich aber keiner Männergruppe angehöre, können wir uns immer von Montag bis Freitagabend sehen, das heißt, friedlich ist es nur mittwochs, denn am Montag und Dienstag wirkt die Frauengruppe noch immer nach, und ab Donnerstag heizt sich Charlotte psychisch schon wieder auf, um in die rechte Stimmung für die Frauengruppe am Freitag zu geraten. In anderen Worten, wir schlafen jeden Mittwoch zusammen.

36. Plötzlich stand ihr Mann im Zimmer; ich wußte nicht, daß Charlotte verheiratet war.

Das Wetter ist wunderschön. Ich gehe jeden Tag mehrere Stunden durch die Stadt, halte mich in zahlreichen Kaufhäusern und Einzelhandelsgeschäften auf, lasse mir CDs vorspielen, sehe mir Bücher, Hemden, Schuhe, Kochtöpfe, Originalgrafiken und Socken an, kaufe aber nichts. Abends gehe ich nach Hause, esse zwei Leberwurstbrote und einen Rettich, danach lege ich mich auf mein Sofa, höre klassische Musik und nehme ein gutes Buch unterhaltenden oder belehrenden Inhalts zur Hand. Gegen Mitternacht setze ich mich an den Schreibtisch und denke mir den Anfang einer Kurzgeschichte aus.

37. Jeder wußte, daß der alte Graf eine Überraschung vorbereitet hatte.
38. Mit blutunterlaufenen Augen eröffnete die Familienrichterin Birgit Eisenschenk die Sitzung.

Wenn Charlotte nicht bald anruft, werde ich wirklich mit den Schnipseln im Hut durch die Künstlerkneipen streichen. Würde ich dabei in einer dieser Kneipen zufällig Charlotte treffen, bedeutete das Salz und Würze für diese Geschichte. Aber Charlotte besucht nur Frauenkneipen, wo sie mit ihren Freundinnen in verbitterter Runde trinkt und brütet und üble Langzeitstrategien ausheckt.

39. Ich wache mit Magenkrämpfen auf. Selten hatte ich eine solche Wut auf Charlotte.

Ich wache mit Magenkrämpfen auf. Selten hatte ich eine solche Wut auf Charlotte. Warum tue ich mir das an?

Warum gebe ich mich mit dieser verkniffenen Ziege ab? Sex ist nicht alles. Man kann auch mit anderen Frauen im Bett glücklich werden. Ich bin ein friedliebender Mensch. Eine Frau muß nicht schön sein, um eine glückliche sexuelle Beziehung zu unterhalten. Auch Gutherzigkeit und Sanftmut zählen. Ich werde Schluß machen mit Charlotte, mich auf die Suche nach einer ledigen oder verwitweten deutschen Hausfrau begeben, einer Frau mit Alpenveilchen auf der Fensterbank und künstlichem Fell auf dem Toilettensitz. Allerdings findet man eine solche Frau nicht in Künstlerkneipen, sondern eher in Konditoreien, und in einer Konditorei kann ich mich nicht mit dem Schnipselhut einer Dame nähern, das wäre psychologisch total falsch, ich müßte ›Gestatten?‹ sagen und mich dazusetzen und das Gespräch auf Backrezepte lenken, von den Erdbeertörtchen meiner Mutter schwärmen. Das Telefon läutet.

40. Der Tresor stand offen, mein Tagebuch war verschwunden.
41. Ein Deutscher gibt nicht auf.
42. Ich sitze vor meiner Staffelei und male ein Bild.

Es ist Charlotte. Sie lädt mich zum Abendessen ein, anschließend möchte sie mit mir diskutieren. Welcher Wochentag ist heute? Samstag! Gestern war Frauengruppe, ich suche händeringend nach einer Ausrede. Meine Mutter ist zu Besuch da, dann ruft sie bei meiner Mutter an, um festzustellen, ob sie tatsächlich nicht zu Hause ist; ich habe einen Gichtanfall und kann nicht laufen, dann kommt sie zu mir und will mich pflegen; ich bin eingeladen, dann will sie wissen, bei wem; ich muß arbeiten, dann will sie wissen, woran.

Es ist besser, wenn wir uns ein paar Tage nicht sehen, sage ich. Ich will über meine Fehler nachdenken, dann können wir auch besser diskutieren.

Die Wirkung dieser Worte ist, als hätte ich Charlotte mit dem Schlag eines Zauberstabs verwandelt. Sanft und lieb und voller Verständnis ist sie auf einmal. Offenbar hatten sie gestern in der Frauengruppe darüber geschimpft, daß Männer nie über ihre Fehler nachdenken, sich gar nicht bewußt machen, wie fürchterlich sie Frauen behandeln.

Das find' ich wunderbar, Schatz, sagt sie. Ruf mich an, wenn du dir Klarheit verschafft hast.

Ich hänge ein und überlege, wo ich eine Frau kennenlernen könnte.

43. Mit zitternden Händen öffnete er den Brief.
44. Seit sechs Wochen hatte es ununterbrochen geregnet.
45. Ich muß dir ein schreckliches Geheimnis anvertrauen, sagte der Vater, nachdem er das Fieberthermometer aus dem Mund gezogen hatte.
46. Wütend warf er den Löffel auf den Tisch; die Suppe war schon wieder versalzen.
47. Der Kalif brach in schallendes Gelächter aus.

Am Montag läutet das Telefon. Eine Nachwuchsjournalistin möchte mich für ihre Stadtteilzeitung interviewen. Ob ich vielleicht auch ein Gedicht in der Schublade habe, das ich ihr überlassen könne?

Ich schreibe keine Gedichte, sage ich.

Probier's doch einfach, sagt sie mit ihrer angenehm rauchigen Stimme.

Na gut, sage ich. Muß es sich reimen?

Nicht unbedingt, sagt sie, aber es wäre mir schon lieber.

Gegen zwanzig Uhr wird sie kommen. Ich kaufe drei Flaschen Sekt, lege sie in den Kühlschrank und mache mich an die Arbeit. Es ist zum Verrücktwerden, ich kann mich abhampeln, wie ich will, nichts reimt sich. Kanzler reimt sich nicht auf Arschloch, Umweltverschmutzung reimt sich nicht auf Ozonschicht, Waffenschmuggel nicht auf Profitsucht. Nach einer Stunde weiß ich, daß ich der geborene Prosaautor bin.

Die Journalistin ist pünktlich und Brillenträgerin. Ich mag Frauen mit Brille. Heiraten könnte ich nur eine Frau, die Beethoven und Laurel und Hardy mag und eine Brille trägt. Das sind die Grundvoraussetzungen. Über alles andere kann man reden. Die Journalistin ist sehr hübsch. Sie hat einen Block und einen Kugelschreiber mitgebracht. Wir küssen uns, dann gehen wir zusammen ins Bett.

Nach der zweiten Flasche Sekt guckt die Journalistin auf die Uhr.

Um Gottes willen, ruft sie, ich muß nach Hause.

Sie springt aus dem Bett und kleidet sich an. Kein Zweifel, ich bin in die Journalistin verknallt. Ich muß ihr nur noch angewöhnen, auch beim Liebesakt die Brille aufzubehalten.

Magst du Laurel und Hardy? frage ich.

Tu mir einen Gefallen, sagt sie, und schreib mir das

Interview. Drei Seiten à 1800 Anschläge. Kannst du es mir morgen nachmittag durchfaxen?

Geht in Ordnung, sage ich. Irgendwelche Fragen, die du gerne beantwortet hättest?

Wie du zum Schreiben gekommen bist, sagt sie, woher du deine Idee nimmst und wie du die Gesellschaft verändern willst.

Sehen wir uns wieder? frage ich.

48. Die Journalistin war Mitglied jener Frauengruppe.
49. Ludwig van Beethoven hatte sein Leben der Musik gewidmet; ich widme mein Leben den Frauen. Auch das geht nicht ohne Konflikte ab.

Grau ist's, es dräut ein langer Winter –
Ach! Ein Poem von Kunerts Günter

Hans Pleschinski
Die goldenen Achtziger: Meine Lektüren

Ich mag es nicht, wenn jemand vergessen oder zurückgesetzt wird. Und ich schätze Johann Christian Hallmann noch immer. In schwierigen Zeiten der tyrannischen Kleinstaaterei, der Nachkriegswehen, der Sprachverwilderung und geistigen Lichtlosigkeit in Deutschland hielt er mit etlichen Tragödien immerhin ein gewisses Theaterspielen in Gang. Im höchsten Hochbarock, nach Gryphius, nach dem gewaltigen Lohenstein, verfaßte Hallmann 1670 im *Trauer-Spil Mariamne* für die Gattin des Herodes vor ihrer Hinrichtung schließlich so wuchtige Verse wie:

Auch die ihr mit Gebet und Opffern stets gewacht
Vor Mariamnens Heil / lebt in erwünschter Wonne!
Ade Jerusalem / deß Erden-Kreisses Sonne!
Dein Ancker bricht entzwey! Wir ziehn in jenes Reich /
Wo Königinnen nicht empfinden Stahl und Streich.
Lebt schlüßlich alle wol / auch die ihr auß-solt-führen
Des Urtheils strengen Schluß! tut was euch wil gebühren!
Wir küssen Block und Beil! Gehab dich Erden wol!

Ja, das Barock! Es war mir, trotz Henkersbeilküssen, immer lieb und teuer! Erstens führt es hinter den abgesegneten Literaturkanon von Goethe und Schiller zurück und ein fremder, deutscher Kontinent breitet sich souverän aus. Zweitens macht das Barock zeitlos mit dem so bedeutsamen Prinzip der ›Fallhöhe‹ von Mensch und Ruhm und Erdendingen bestens vertraut:

Der ligt schon in der Grufft / der sich auf Menschen stützt.
Der umbgefallene Baum lehrt, was sein Schatten nützt.

Drittens ist seine Sprachkraft, man möchte beinahe sagen: unübertroffen geblieben, wenn Lohensteins Agrippina ihren Sohn Nero zum Beischlaf verführt:

Mein Kind / mein süsses Licht / was hältstu länger mir
Der halbgeschmeckten Lust mehr reiffe Früchte für?
Mein Schatz / es sättigt nicht des Küssens reitzend Kosen.
Die Purpur-Lippen sind die rechten Zukker-Rosen /
Darunter stets die Zung als eine Natter wacht /
Bis uns ihr züngelnd Stich hat Brand und Gifft beybracht.
Warumb denn liessestus mich deinen Liebreiz fühlen /
Wenn du dein Labsal mir ziehst vor dem Munde weg?
Ach! so erkwick uns doch der Libe letzter Zweck!

Eine Zeitlang, vor 15 Jahren, sprach ich problemlos in Alexandrinern.

O freie Zeiten! Auch goldene? – Hallmann, Silesius – alles bei Reclam erschienen – las ich wohl im Münchner Hofgarten, auf nüchternen Treppenstufen des Germanistischen Instituts, an einem Nacktbadestrand der Isar oder auf dem Fensterbrett meiner Studentenbleibe zwischen nie genug Liebesnächten und immer wieder einer Tasse Kaffee für 60 Pfennig auf dem Viktualienmarkt. Phasenweise las ich überhaupt täglich eines der gelben Heftchenbücher, aus denen die Literaturgeschichte, also die immer lebendige Dichtung in all ihren Formen und Anläufen – ob nun barock, romantisch oder expressionistisch – über den Leser in das Leben flutet und brandet.

Vielleicht las ich am 3. Juni 1982 Brentanos *Romanzen vom Rosenkranz* und am Tag darauf *Hoppla, wir leben!* von Ernst Toller. Mangels zwingender eigener Tendenzen waren die 80er Jahre die ideale Rezeptionszeit: Wer abends in den *Münchener Kammerspielen* mit Cornelia Froboess als *Lotte Kotte* bei Botho Strauß' *Groß und Klein* in das Szenarium einer gefühlskalten Wohlstandsgesellschaft eingetaucht war, durfte sich – ebenso interessiert und ebenso gebannt – bald darauf in einer kleinen Rahmenhandlung bei Theodor Storm verlieren: *»Auf einer Uferhöhe der Ostsee liegt hart am Wasser hingelagert eine kleine Stadt, deren stumpfer Turm schon über ein Halbjahrtausend auf das Meer hinausschaut. Ein paar Kabellängen vom Lande streckt sich quervor ein Eiland, das sie dort ›Warder‹ nennen ...«*

Ich weiß nicht, ob es in den 60er und 70er Jahren auch schon so gewesen war? Ich tat mich, in meinem ersten Hauptlesejahrzehnt, jedenfalls recht zwanglos, nach Laune und Entdeckungslust in der Literatur um. Hegel, Marx, die Mao-Bibel, Freuds Gesamtwerk, endgültig die Seele auszuleuchten, alles Programmatische, das der Menschengeist hervorgebracht hatte, war auf alle Fälle keine Pflichtlektüre mehr. Von 1980 bis irgendwann lebte man bei etwa nur 4 bis 5% Arbeitslosigkeit in ziemlichem Wohlstand, nach der sozialliberalen Koalition in ziemlicher Freizügigkeit und ging – auch lesend – im Garten der Phänomene spazieren! Dieser kleine Luxus war nicht unangebracht, denn was jeden Tag noch über der in Ost und West gespaltenen Welt schwebte und im Nu verzweifelt machen konnte, war der Atomkrieg, waren die ›Nachrüstungsdebatten‹, war das immer konkretere Wissen, daß nicht die neue *Grüne Partei* das Waldsterben, die Verpestung des Wassers, die Dezimierung von Tier- und Pflanzenarten erfunden hatte. Bei diesen Sorgen schienen ideologische Programme klassenkämpferischer Prägung nicht mehr viel zu helfen und begannen, erst einmal, altbacken zu wirken.

Dennoch legt man sich die Welt zurecht, urteilt und handelt in eine gewisse Richtung. Bei entscheidenden Lektüren – irgendwo in U-Bahnen, im Bett – drängte sich mir auf, daß der Zustand der denkbar größten Freiheit, dem ich mich überantwortet fühlte, ihre Genesis hatte, eine Entstehungsgeschichte der Freiheit ... die, lesend, vielleicht nur ich so für mich erkannte.

Weshalb da hundert Jahre nach seinem Tod ausgerechnet Flaubert bei mir so einschlug und um 1980 zum Ahnherrn der modernsten Empfindungen wurde? – Die sokratische Erkenntnis: *Wir wissen, daß wir nichts wissen*, hatte jedenfalls Flaubert wohl als erster in Literatur umgesetzt und unbeabsichtigt bis auf mich wirken lassen. Wenn ich hellwach und beinahe zitternd als 24jähriger nachts Seiten verschlang, dann waren es zum Beispiel jene der *Verführung des Heiligen Antonius*: In der Wüste – die vielleicht die Welt ist – hatte Flaubert seinen Heiligen plaziert und ließ ihn von allen Dämonen, Engeln und Schimären bestürmen, die mit großen Versprechungen den armen Eremiten in jeweils ihre Welt entführen wollen. Es entfaltet sich der größte Tumult austauschbarer Inhalte. »*Was will das alles von mir!*« schreit da der Heilige am Ende auf und gesteht als erster die völlige Orientierungslosigkeit des modernen Menschen ein. Das meinte vielleicht auch mich in meiner süßen 80er-Jahre-Freiheit. Und noch weiter in den Kampf zwischen Wissensschätzen, Glücksversprechungen einerseits und dem Menschen andererseits, der nicht mehr für 1 Gott und 1 Ideologie zu leben vermag, stößt Flaubert in seinem Roman *Bouvard und Pécuchet* vor: Zwei begüterte, ältere Herren, M. Bouvard und M. Pécuchet probieren auf ihrem Landgut sämtliche Lebensanweisungen und Daseinsrezepte durch, die eine verbürgt sinnvolle Existenz versprechen … und am Ende ist ihr Geld verbraucht, sie wissen alles und haben einen Weg zum sicheren Glück dennoch nicht gefunden.

Dieser Roman ist grundlegend, um über modernes Schreiben etwas zu wissen. Etwa 3000 Bücher las Flaubert, um den Konflikt zwischen den Glückstheorien und den Glückssuchern hinreißend pessimistisch auszugestalten. Ich las weniger, um dann aber auch durch *Bouvard und Pécuchet* zwangsläufig in die Postmoderne der 80er Jahre zu geraten.

Was die ebenso beglückende wie scheußliche Auflösung aller sicheren Werte angeht, so wirkten, vor meinen noch jungen, begierig lesenden Augen, auch Proust und James Joyce nachhaltig an dieser wohl unrevidierbaren Entwicklung mit, der sich seither das Denken zu stellen hat. Welcher Autor, vor Marcel Proust, hatte je so gründlich darauf verzichtet – verzichten müssen? – über höhere Zusammenhänge des Lebens zu debattieren, und hatte statt dessen so völlig ungehemmt sein Ich, irgendwelche Feste, Blütenduft, Berührungen am Strand in den Mittelpunkt seines Erzählens gerückt? Prousts sanfte, lebensfreundliche, in ihrer Zartheit unübertreffliche Egomanie, sieben Bände lang dem Leben des kleinen Marcel nachzuspüren, war genauso eine Absage an klare Programme – und vielleicht nicht nur in der Dichtung, sondern im modernen Bewußtsein überhaupt – wie die Allverschmelzung aller Phänomene bei Joyce, zum Beispiel hinten im *Ulysses*: »*Worüber machte sich das Duumvirat während seiner Wanderung Gedanken? Über Musik, Literatur, Irland, Dublin, Paris, die Freundschaft, das Weib, die Prostitution, Diät, den Einfluß von Gaslicht oder des Lichts von Bogen- und Glühlampen auf das Wachstum von in der Nähe befindlichen paraheliotropischen Bäumen, für den Notfall aufgestellte städtische Müllbehälter…*«

Ich las Dichtung zwischen 1980 und 1990 – als die Aktualitätenschwemme aus den Medien einen längst schon lähmte, nicht unmenschlich machte, aber lähmte – gewiß mit dem Genuß an Stimmungen, an Stil, an Erzählwendungen, aber auch mit einem Blick darauf, wohin die Dichter mit ihren Wahrnehmungen mein Ich geführt hatten. Marcel Proust bis in nimmerendende Verzweigungen der fast passiven Ich- und Menschenbetrachtung! James Joyce – Arno Schmidt ihm nach – in ein vollendetes Wirbeln sämtlicher Lebenserscheinungen, so daß in der neuen Zeit auch ein überlasteter *Mann ohne Eigenschaften* dabei herauskommen konnte, oder die maßgeblichen Sätze in Hermann Brochs Essay *James Joyce und die Gegenwart*: »*Aber-Myriaden anonymer dennoch konkreter Einzelkräfte, die das Gesamtgeschehen im Gange halten; und in der konkreten Ganzheit dieses unfaßbar unendlichen, unendlich facettierten ›Welt-Alltags der Epoche‹ ist der Zeitgeist, ist sein beinahe schon unbegreifliches Antlitz enthalten.*« – Doch wer bin ich denn dann? Was soll ich dann? Was mochte bei dieser Atomisierung klarer Lebensrichtlinien – in der und durch die Dichtung – denn dann, um 1980, mein Lebensinhalt sein? Bedeuten die völlige Freiheit im Denken, im Wahrnehmen und Sich-Äußern – ohne Glauben an Parteien, Religionen, höheren Sinn – nicht auch mein Ende als entschiedenes Individuum? Die Frage war für mich brennend. Aus reinen Altersgründen später als bei Älteren gingen tief Becketts Sätze, sein Resümee über unsere Kulturstufe in mich ein; und wer kennt diese Sätze nicht? »*Wo nun? Wann nun? Wer nun? Ohne es mich zu fragen. Ich sagen. Ohne es zu glauben. So was Fragen, Hypothesen zu nennen. Fortschreiten, so was schreiten, so was fort zu nennen … Es, es sagen, ohne zu wissen was. Vielleicht tat ich nichts anderes, als eine alte Tatsache billigen. Ich tat jedoch nichts. Ich scheine zu sprechen, es ist nicht ich, über mich, es ist nicht über mich. Diese wenigen allgemeinen Bemerkungen, um zu beginnen. Was tun, was werde ich tun, was soll ich tun, in meiner Lage, wie verfahren?*«

Die Ratlosigkeit über Gewißheiten im Leben, und also wie man Leben in der Literatur darstellte, war von Flaubert hin zu Beckett kulminiert. Die geistige Freiheit der 80er Jahre – wie ich sie wahrnahm – war folglich ein Schlängelpfad am Rande des Verstummens. Doch man konnte seinerzeit durchaus noch über solche Probleme: *Gibt es noch eine angemessene Literatur? Welche Botschaft hat Geschriebenes? Welche Botschaft habe ich?* mit Kommilitonen, Freunden, Schriftstellern diskutieren. Postmoderne Freiheit oder Beliebigkeit waren noch ein heißes Thema, und es ging keineswegs nur – wie es 1995 Faktum ist – um Buchverkaufszahlen, Beschleunigung der Buchproduktion, die Vermeidung von schwierigen Passagen in der Belletristik. Was schreibe ich nach Becketts Verstummen, nachdem das Absurde Theater und der Existentialismus final und glaubwürdig ausgesagt haben: *Wir – wissen – nichts!* –? Daß mich unter diesem Aspekt gewaltige Massen von Literatur, die damals erschienen, überhaupt nicht interessierten, ist klar. Die *Bauch-* und *Befindlichkeitsliteratur*, zumeist von Frauenhand, Bücher von Karin Struck, Gabriele Wohmann oder Brigitte Schwaiger mochten in den 70er Jahren Emotionen gelockert, persönliche Verklemmungen therapiert haben – mir schien es jedoch unendlich banal, einfallslos und ein Verrat an der Moderne der Literatur zu sein, einfach irgendwelche Ich-Zustände – mit dem ewigneudeutschen Vorzeichen der Trauer! – auszubreiten. Bücher wie Peter Handkes *Der Chinese des Schmerzes* verursachten mir Unbehagen: Auch er schien mir damals das bloße Ich-Müll-Kompendium gepachtet zu haben und Trostlosigkeit zu zelebrieren. In meinem ersten Büchlein *Gabi Lenz. Werden & Wollen*, der erfundenen Biographie einer Innerlichkeitsautorin, zeichnete ich 1984 lustvollwütend eine Karikatur dieser verkaufsträchtigen Innereien-Schau, die den Literaturbetrieb bestimmte: »*Gab's mich überhaupt, oder war auch ich nur ein Alptraum? Wie alles andere, das einmal wirklich und einmal irreal war. Einsamkeit. Wieso strengten sich Menschen überhaupt an, irgendwie etwas zu schaffen? Es gab theoretisch keine Erfüllung, Ziele waren praktisch nie zu erreichen. Es regnete* ...«

Hatte Gottfried Benn, scharfer Vordenker, die Verstopfung der Literatur mit mürben Ich-Paraden, ohne weitere philosophische Überlegungen, nicht schon in den 30er Jahren abgekanzelt?: »*Jeder wird in Jüterbog geboren und stirbt in irgendeinem Schwarzwald*«?

Weil ich über ihn beim berühmten Müller-Seidel promovieren wollte, las ich viel Gottfried Benn – und das muß jeder mal eine Zeitlang. Gottfried Benn sagte mir zu, denn er galt als Nihilist und unsentimentalisch, und er versetzte mich in Spannung, wenn er entdeckte: »*Furchtbar Alles, furchtbar, furchtbar! Wenn man kein Faschist ist u. kein Antisemitler, kein Westler u. kein Östler, kein Abendländer u. kein Asiate – was ist man dann? Jeder Standpunkt ist unerträglich, aber gar keinen Standpunkt zu haben, ist noch unerträglicher.*« In einer ambitionierten Arbeit über diesen Verneiner erfreulich-runder Literatur- und Lebensinhalte wollte ich nachweisen – und tat es wohl auch –, daß allerdings selbst der überzeugendste Nihilist – im deutschen Land Benn – Utopien hat, sobald er etwas veröffentlicht, also etwas *kundtun* will.

Mit seinem Begriff der *Artistik*, die an die Stelle von zu altmodischen Botschaften treten muß, legalisierte er für mich in Grunde schon die Erzählzaubereien, die freien Geschichten der Postmoderne, ob nun bei Eco, Süskind oder Calvino, denn, so Benn: »*Der Stil der Zukunft wird Montagekunst sein. Der Mensch muß neu zusammengesetzt werden aus Redensarten, Sprichwörtern, sinnlosen Bezügen, breit basiert –: Ein Mensch in Anführungsstrichen. Seine Darstellung wird in Schwung gehalten durch formale Tricks, Wiederholungen von Worten und Motiven – Einfälle werden eingeschlagen wie Nägel und daran Suiten aufgehängt, Herkunft, Lebenslauf – Unsinn.*«

Das schien mir, so um 1984/86 doch das Modernste zu sein, was die deutsche Literatur besaß – und so kommt es mir noch immer vor, obwohl heute niemand mehr über Wege und Theorien der Literatur spricht.

»*Einfälle werden eingeschlagen wie Nägel und daran Suiten aufgehängt*«: Unter diesem Gesichtspunkt, für moderne Bücher, las ich natürlich auch meine ersten eigenen Korrekturfahnen. Nur eine Logik von *Fall zu Fall* hatte mir für die Handlung meines ersten Romans *Nach Ägyppten* vorgeschwebt: Diese Geschichte von Frank, der durch Europa reist, klüger wird, aber nicht klug, funktionierte wohl und war angemessen.

»*Ich verfasse ein buntes Nichts, das trotzdem spannend ist*«, kündigte ich 1985 meinem damaligen Verleger an, und ich las alsbald die Korrekturfahnen des lupenrein postmodernen Romans *Pest und Moor. Ein Nachtlicht*, in dem es, frech und frei, in Hinterpommern um die Erfindung der Elektrizität geht.

Soweit, ganz grob, meine Auseinandersetzungen mit dem Geist der Literatur zu jener Zeit.

Helmut Kohl wurde im Oktober 1982 Kanzler.

Die Planungen zu ›Krieg der Sterne‹ im Pentagon begannen etwas später.

1985 veröffentlichte Anna Wimschneider *Herbstmilch. Lebenserinnerungen einer Bäuerin*. Ich habe es bis heute nicht gelesen.

Ebenso weiß ich leider nicht, was in *Felix Guttmann* von Peter Härtling steht, das im selben Jahr erschien.

Erich Honecker besuchte auch 1985 den Vatikan und hoffte wahrscheinlich auf eine Aufwertung des Ansehens der DDR.

Ich las fast täglich die Münchner *Abendzeitung*, die die Alltagsliberalität in Bayern aufrechterhielt.

Die Comics von Ralf König, der wahre Entspannungsgenuß, wurden erst später populär. Was es als sinnvollste Reiselektüre damals schon gab, war natürlich der 1000 Seiten dicke *Spartacus Guide*. Wer dieses Nachschlagewerk braucht und kennt – es existiert wohl seit den 70er Jahren – weiß, daß ihn mit Hilfe dieses Buchs in jeder größeren Stadt der Welt Lust und neue Freunde erwarten können.

Kafka wirkte auf mich zu düster und zu beunruhigend. Nach der Lektüre von *Amerika* schrieb ich dazu einen eigenen, neuen Schluß, in dem Karl Roßmann wohlbehalten und gar nicht hoffnungslos wieder in Europa ankommt. So etwas lag mir und wollte ich.

Auf die wundersamen Feinheiten Robert Walsers war ich noch nicht nachdrücklich genug hingewiesen worden. Um Ingeborg Bachmann machte ich einen Bogen, denn wo allzu heftig gesagt wurde: »Das mußt du lesen!« weigerte ich mich auch gerne. So steht noch manches Wichtige für die Zukunft auf dem Programm.

Doch zwei große Werke, die ich mir ›reinzog‹, kann ich nicht unterschlagen: Wer diese Geniewürfe wahrer Gelehrter, rückhaltlose Krimis der Geistesgeschichte nicht kennt oder griffbereit hat, darf schlechterdings nicht behaupten: »Was Literatur ist, das weiß ich.«

Aus *Mimesis* von Erich Auerbach, vielleicht wieder im Isargrün gelesen, erfuhr ich, daß leider die *Bibel* auf ewig die größere literarische Wirksamkeit haben wird als die vielleicht viel edlere *Ilias*. Der wunderbare Romanist Auerbach begründet es damit, daß in der *Bibel* die Sätze zumeist kurz sind und knappe wörtliche Rede im Präsens alles leicht faßlich macht, während Homer sich verschlungener und im Imperfekt äußerte.

Die andere Säule literarischen Grundwissens, die ich bestaunend umschritt, war natürlich Ernst Robert Curtius. Welcher Gewinn, in ausführlicher Darstellung aus *Europäische Literatur und Lateinisches Mittelalter* zu erfahren, daß seit Menschengedenken auf klassizistische Epochen manieristische Epochen folgten und daß sich also niemand über die Postmoderne aufzuregen brauchte, die nach den strengen Phasen dieses Jahrhunderts unwillkürlich kommen mußte.

Im Leben und in der Lektüre, auch während der achtziger Jahre, gab es Trostlosigkeiten. Doch war mir schon aus Schulzeiten in der Lüneburger Heide die sowieso schönste und freieste Utopie – nach der man ja sucht – aus der Literatur im Ohr hängen geblieben: »*Il faut cultiver notre jardin.*« Das klingt seit 250 Jahren nicht banal.

Jochen Schimmang

BUCH ZEIT ORT

Erste Folge

Nein, es geht nicht ein weiteres Mal um die zehn, dreißig oder fünfzig Bücher für die einsame Insel. Dies aus zwei Gründen nicht: Weil erstens heute kein Mensch mehr wider seinen Willen Zeit auf einer einsamen Insel verbringen muß (und dann noch mit einer Bücherkiste!), und weil die einsame Insel spätestens nach dem zehnten Tag ein unerträglicher Ort ist: für den Menschen und noch mehr für die Bücher. Lesen braucht zuweilen um sich herum das Klirren von Kaffeetassen oder das Rauschen des Verkehrs zwei Straßen weiter oder das Quietschen eines Damenfahrrads, das die Parkbank passiert, oder meinetwegen auch das völlig schallisolierte Hotelzimmer nahe dem Hauptbahnhof, jedoch mit dem Bewußtsein, das draußen zumindest der Bär los ist, wenn nicht die Bärin. (Vgl. »Vom Bärendienst«, in: Das Bärenbuch, hg. von Julia Bachstein, Frankfurt a.M. (Schöffling & Co.) 1994, S. 229ff.). Bücher machen zwar asozial – das ist sogar ihre schönste Eigenschaft –, sind aber ihrerseits soziale Wesen. Soziale Wesen brauchen ihren Ort und ihre Zeit. Der Ort ist in der Regel nicht die einsame Insel, die Zeit nicht »die schlechte Unendlichkeit« (Du rufst von drüben, Teddy!). Von den unausweichlichen Büchern, denen

Sie nicht entkommen werden, von ihrem Ort und ihrer Zeit ist die Rede, in diesem Jahr und in den kommenden.

Warnung 1: Kein »Kanon der Weltliteratur« (diese Aufgabe haben wir an Harold Bloom delegiert).

Warnung 2: Weh dem, der Systematik sucht!

PHILIPPE SOLLERS: SELTSAME EINSAMKEIT (1958). Ein schmaler Roman aus der Rubrik »Erziehung durch Dienstmädchen«, der Knabe sechzehn und Franzose aus gutem Hause, die Lady dreißig und Spanierin. Geschrieben von einem Teenager, der sich zum Glück nicht als Wunderkind herausstellte, sondern auch später noch gute Bücher schrieb. Der Name ist ein Pseudonym, weil die Familie den Skandal nicht verkraftet hätte (sie versuchte ohnehin mit allen Mitteln, das Erscheinen des Buches zu verhindern). Ein Roman so voller Raffinesse, Amoralität und Lüge, daß deutlich wird, daß diese unausweichlich an Klarheit, Moral und Ehrlichkeit gekoppelt sind, ein hochmoralisches Buch also. Bericht eines sechzehnjährigen Ich-Erzählers, das ich erstmals mit sechzehn las. Seitdem ist *Concha* mein spanischer weiblicher Lieblingsname. Mit einer Fülle von schönen, aber nie preziösen Sätzen, von denen man nicht entscheiden kann, welches der schönste ist. Vielleicht dieser: »Denn man muß etwas aus den Leichtfertigkeiten zu machen wissen, die man sich mit dem Leben erlaubt.«

Zu lesen an einem ruhigen Frühsommernachmittag (nicht nachts, nicht im Winter!) in einem ziemlich leeren Szenecafé, in dem die attraktive – dunkelhaarige! – Dreißigjährige am Nebentisch (mit dem sagenhaften schwarzen Hut) den unschuldigen Jungmacho beobachtet, der derzeit als Barmann fungiert. Die Theke muß schwarz sein, die Spiegel dahinter sind gut geputzt. Nicht abwarten, ob sie ihn abschleppen wird oder nicht!

Derzeit (und seit langem) in Deutschland nicht lieferbar.

FRANZ KAFKA: DAS SCHLOSS (1926). Die Geschichte eines hochqualifizierten Vermessungstechnikers. An der angestrebten Ausführung seines Auftrags hindern ihn: erstens die Bürokratie, zweitens seine Mitarbeiter, drittens die Weiber. Vorsicht vor solchen, die Frieda, Amalia oder Olga heißen! Ein Meisterwerk des Realismus. Der große deutsche Gegenwartsroman, noch unbemerkt.

Geeignet vor allem für Studenten, die in den Semesterferien beim Katasteramt jobben. *Die* Lektüre für die Mittagspause und für die zähen letzten vier Stunden vor dem Feierabend. Auf gleichmäßig dämmriges Licht achten!

VLADIMIR NABOKOV: LOLITA (1958). »*Lolita*, Licht meines Lebens, Feuer meiner Lenden. Meine Sünde, meine Seele. Lo-li-ta: die Zungenspitze macht drei Sprünge den Gaumen hinab und tippt bei Drei gegen die Zähne. Lo. Li. Ta.« Vermutlich wissen die Verfasser von tiefschürfenden Ratgebern und periodisch wiederaufgewärmten Artikeln in Frauenzeitschriften über den *Lolita-Komplex* gar nicht, welchem großen Buch sie ihre griffige Formel verdanken. Ist ja klar: Sie wollen warnen und heilen, Humbert Humbert aber will nicht geheilt werden und ist zum Glück unheilbar. Das Größte an dieser großen Geschichte ist die schöne Ausweglosigkeit. Und die Demonstration, wie reich und farbig und schön Alpträume sein können. Einer der lebendigsten Beweise für das bekannte Verdikt: *Literatur lebt nicht von abweichendem Verhalten, sie ist abweichendes Verhalten (J. Gnammisch).*

Zu lesen – nachmittags – entweder im Foyer des Palace Hotel in Montreux, das, nachdem *Lolita* ihm diese Möglichkeit eröffnet hatte, Nabokovs ständiger Wohnsitz wurde (bei schönem Wetter auch auf der anderen Straßenseite, direkt am Ufer des Genfer Sees). Oder aber – ebenfalls nachmittags – in der sehr leeren Bar eines mittelmäßigen Hotels in der Tiefe der USA, dabei die Kleine hinter der Rezeption betrachtend, Tochter des Hauses, in ihrem »Sweatshirt und weißen Shorts mit grünen Flecken hinten drauf«, wie sie gähnend in Comics blättert. Lo. Li. Ta.

ROLAND BARTHES: DIE HELLE KAMMER (1980). Roman über die Vergänglichkeit und den Tod, getarnt als Buch über die Fotografie. Voller Geschichten, die den Leser in neue Romane führen, etwa den über Ernest oder die Ballade des Geigers Abony. Der zweite Teil beginnt mit dem wunderschönen Satz: »An einem Novemberabend, kurz nach dem Tod meiner Mutter, ordnete ich Photos« und enthält den wesentlichen Strang des Barthesschen Familienromans. Vollendete Variation über das Motiv *Es ist so gewesen.* »Der Roman, den er hätte schreiben können, war aber schon geschrieben, nämlich *Auf der Suche nach der verlorenen Zeit*« (Bernard Dort). Ach was, er hat doch fast die Hälfte seines Lebens daran gearbeitet, und am Ende ist es ihm gelungen.

Zu lesen abends bei zugezogenen Vorhängen unter der klassischen Leselampe oder aber in einem innenarchitektonisch völlig überladenen Café an der belgischen Küste ohne Musik an einem frühen Novembermorgen oder aber in einem anderen Café im imitierten Art-Déco-Stil, direkt neben der zischenden Espressomaschine, durchaus aber auch mittags in einer Pizzeria im Capri-Stil, kurz: an jedem Ort und zu jeder Zeit.

ANTONIO TABUCCHI: DER RAND DES HORIZONTS (1986). Sollte man eigentlich parallel zu Barthes lesen. Das Buch, das zeigt, wohin es führt, wenn man den Spuren eines verblassenden Fotos nachzugehen versucht, gewissermaßen ins Nichts, oder wenigstens in einen Schuppen am Hafen, wo niemand ist. Eine Geschichte, die zeigt, daß das Wissen, daß die Suche vergeblich sein wird, nicht von der Suche entbindet. Enthält außerdem die exakteste Beschreibung der Kästen, in denen die Toten im Leichenschauhaus aufbewahrt werden, die es in der Literatur gibt. Berichtet von Ratten und Katzen, zuweilen auch von der Liebe und der Gewohnheit. »Es zu schreiben«, sagt der Autor am Schluß über das Buch, »hat mich nicht besonders fröhlich gestimmt.« Es zu lesen stimmt auch nicht fröhlich, aber es tröstet ungemein, weil es keinerlei Lebenshilfe anbietet.

Zu lesen an einem Sommerabend in einem Hotelzimmer in Genua mit Blick auf die Hafenstraße, im Fenster sitzend, ab und zu die Verhandlungen dort unten zwischen Nutten und Freiern beobachtend. Oder im Restaurant des Genueser Hauptbahnhofs, einem der unliterarischsten Orte Europas.

HAROLD BRODKEY: UNSCHULD (1988). Gemeint ist nicht nur die Titelerzählung, die immerhin die ausführlichste Beschreibung des Cunnilingus enthält, die ich kenne, sondern auch eine so verwirrende Geschichte wie *Der verschwenderische Träumer* oder eine so präzise wie *Hofstedt und Jean – und andere*, die mit dem Satz beginnt: »Dies ist die Geschichte eines fünfundvierzigjährigen (Anglistik-)Professors, der sich auf eine Affäre mit einer zwanzigjährigen Studentin einließ«, ein Satz, den ich am Morgen meines 46. Geburtstags las, im Bett liegend, und Seiten später die Sätze: »Ich gebe den jungen Leuten keine Schuld. Sie können unmöglich ihre Begierden im Zaum halten und gleichzeitig jung sein; sie können ihre Jugend anbieten, und das tun sie. Manchmal ist Liebe im Spiel; darauf wollen wir nicht weiter eingehen. Aber wenn eine Studentin auf einen Professor zuschwebt und ihn mit großen braunen Augen ansieht, darf er nicht als Mann reagieren; man hat ihn schließlich zum Professor ernannt, nicht zum Mann.« Diese Sätze las ich Stunden später im Bauturm-Café zu Köln und brach beim letzten in lautes Lachen aus, was mir neugierige Blicke der Kellnerin eintrug. Statt nun ihr vorzulesen und sie ins Gespräch zu ziehen, las ich nach einem kurzen Blick weiter. Idiot? Aber nein, so ist eben Brodkey: Wer seine Geschichten, das Labyrinth seiner Sätze, die unendlichen Biegungen des Gefühls betreten hat, möchte gern dort noch eine Weile bleiben, hübsche Kellnerin hin oder her.

Trotzdem durchaus im Café zu lesen, drumherum darf es so nervös zugehen wie in den Geschichten. Vielleicht klappt's auch beim nächsten Gelächter mit der Kellnerin.

CARSON McCULLERS: UHR OHNE ZEIGER (1961). »Für J. T. Malone begann es so einfach und alltäglich, daß er eine Zeitlang das Ende seines Lebens für den Beginn einer neuen Jahreszeit hielt.« Sterben in einer kleinen Stadt in den Südstaaten, das unspektakuläre Ende eines unspektakulären Apothekerlebens. Was geht uns das an? Wahrscheinlich nichts, aber es ist nicht mehr möglich, das Buch wegzulegen, wenn man sich einmal darauf eingelassen hat, wie fast immer bei dieser Autorin. Čechov wollte auf dem Sterbebett Champagner, der Apotheker Malone ist bescheiden und bittet um »eiskaltes Wasser, aber ohne Eis. – Noch ehe Martha mit dem Wasser zurückkehren konnte, wurde das Leben sachte und ohne Kampf von J. T. Malone fortgenommen. Sein Lebendigsein war von ihm gegangen.«

Zu lesen an einem sehr stillen Spätsommernachmittag auf der Terrasse mit Blick in den Garten, soweit beides vorhanden ist, ungestört und möglichst ohne Pause. Ein Buch, das keine Kommunikation verträgt, auch danach nicht: eins der besten also.

Die zweite Lieferung folgt 1996.

Blökt wo an Schafes statt ein Hirsch
Ist's kein Poem der Sarah Kirsch

Walter Benjamin
Kritik der Verlagsanstalten

Die Schriftsteller gehören zu den in der Auswertung ihrer sozialen Erfahrung am weitesten zurückgebliebenen Bevölkerungsteilen. Sie sehen in einander ausschließlich Standesgenossen, ihre Urteils- und Wehrbereitschaft ist, wie bei allen ständisch Orientierten, gegen unten sehr viel prompter als gegen oben. Sie verstehen es zwar gelegentlich gut, auf vorteilhafte Art mit Verlegern fertig zu werden. Aber sowenig sie in den meisten Fällen sich Rechenschaft von der sozialen Funktion ihrer Schriftstellerei geben, sowenig kommt in ihrem Verhalten der Verlagsanstalt gegenüber die Besinnung auf deren Funktion zu ihrem Recht. Gewiß gibt es auch unter den Verlegern solche, die dem Geschäft, das sie betreiben, naiv gegenüberstehen und wirklich glauben, die Unterscheidung guter Bücher von schlechten sei ihre einzige moralische, gängiger von schwerer verkäuflichen ihre einzige geschäftliche Aufgabe. Im allgemeinen aber hat der Verleger einen ungleich klareren Begriff von den Kreisen, für die er druckt, als die Schriftsteller von jenen, für die sie schreiben. Darum sind sie ihm nicht gewachsen und nicht imstande, ihn zu kontrollieren. Wer sollte es aber sonst tun? Das Publikum kommt gewiß nicht in Frage; die Verlagsgebarung fällt ganz aus seinem Blickfeld heraus. Es bleiben die Sortimenter als einzige Instanz. Unnötig zu bemerken, wie problematisch ihre Kontrolle sein muß, wäre es auch nur, weil sie unverantwortlich und geheim ist.

Was zu fordern ist, liegt auf der Hand. Daß es nicht von heute auf morgen, im kapitalistischen Wirtschaftssystem überhaupt nicht restlos erreicht werden kann, soll kein Hindernis sein, es zu sagen. Notwendig wäre zunächst als Fundament alles Ferneren eine statistische Erfassung der Kapitalien, die im Verlagsgeschäft arbeiten. Von dieser Plattform aus müßte die Untersuchung sich nach zwei Richtungen hin bewegen. Einmal aufsteigend im Zuge der Frage: wo stammen diese Kapitalien her? Mit anderen Worten: welche Kapitalien sind aus den Bank-, Textil-, Montan-, Druckereiunternehmungen abgewandert, um in Verlagsanstalten zu arbeiten? Zweitens absteigend: womit versorgt das Verlagskapital den Büchermarkt? Ferner wäre es an sich naheliegend, beide Fragen kombiniert zu behandeln, zu untersuchen, welchen Käuferschichten und Tendenzen etwa das Montan- im Gegensatz zum Textilkapital, wenn es sich dem Verlagsgeschäft zuwendet, zu entsprechen sucht. Aber die statistischen Grundlagen dieser dritten Darstellung sind zu schwer beschaffbar, als daß es vorderhand Aussicht hätte, sie in Angriff zu nehmen. Dagegen wären schon jetzt die unmaßgeblicheren Umfragen im Publikum und bei Buchhändlern in größeren Zeitabständen durch Mitteilungen der Verleger selbst zu ergänzen, welche Absatzziffern und Absatzgebiete ihrer Haupterzeugnisse zu enthalten hätten. Da der Verlag die Auflagenhöhe ohnehin verzeichnet, wäre das, sollte man denken, kein allzu halsbrecherischer Sprung. Von höchstem Interesse wäre ferner die statistische Erfassung des Verhältnisses von Auflagenhöhe und Inseratenkosten; wünschenswert, aber nicht ohne technische Schwierigkeiten auch, den statistischen Ausdruck für das Verhältnis von kaufmännischem Erfolg (Absatz) und literarischem (Pressestimmen) zu ermitteln. Endlich die härteste Forderung: den prozentualen Anteil erfolgreicher und erfolgloser Bücher an der Jahresproduktion der einzelnen Verleger und des deutschen Verlagsbuchhandels überhaupt zu errechnen.

Der Einwand, derartige Methoden führten dazu, den Erfolg als einzigen Wertmaßstab von Büchern zur Anerkennung zu bringen, ist ebenso naheliegend wie falsch. Natürlich gibt es erfolglose Bücher, die wertvoll sind und denen ein Platz in seiner Produktion vorzubehalten nicht nur Ehrensache, sondern auch Geschäftsgrundsatz eines guten Verlegers ist. (So stellen Konditoren Zuckerschlösser und Kandisburgen in ihre Auslagen ohne die Absicht, sie zu verkaufen.) Aber freilich hat die geforderte Analyse, die sich nebenbei als die zuverlässigste Art empfiehlt, das Buch zur Erkundung geistiger Lebensprozesse in der Nation zu verwenden – sie hat das Eigentümliche, der geläufigsten, zugleich schiefesten Auffassung vom Verlagswesen den Garaus zu machen. Jener Auffassung zufolge ist nämlich der Verlag ein kombinierter Betrieb, bestehend aus einer Mäzenatenstiftung und einer Lotterie, in welcher jede Neuerscheinung eine Nummer und das Publikum Bankhalter ist; von den etwaigen Gewinnen des Spielers, d. h. aber des Verlegers, wird ein Teil für den Satz auf solche Nummern verwendet, die zwar schön und bedeutsam prangen, in dem öffentlichen Meinungsroulette aber kaum vorkommen. Kurz, es ist dies die abstrakte Auffassung vom Verlagswesen – der Verleger als Makler zwischen einzelnen Manuskripten einerseits und »dem« Publikum andererseits. Falsch aber, und zwar von Grund auf, ist diese Meinung, weil der Verleger weder vom ideellen noch kommerziellen Wert eines Manuskripts im luftleeren Raum seine Meinung sich bilden kann. Und zwar ist letzten Endes für den Verleger ein engeres Verhältnis zu ganz bestimmten Sachgebieten – innerhalb deren er freilich durchaus nicht tendenzmäßig festgelegt zu sein braucht – ganz unentbehrlich, weil er auf gar keine andere Weise den Kontakt mit dem Publikum halten kann, ohne den er zum Scheitern verurteilt ist. Je selbstverständlicher das ist, desto auffallender die Tatsache, daß in Deutschland, wo eine Anzahl physiognomisch so scharf umrissener Verlagsanstalten wirksam sind wie die Insel, Reclam, S. Fischer, Beck, Rowohlt, niemals eine soziologische Darstellung, geschweige denn Kritik dieser Institute versucht wurde. Und doch würde erst sie die Kluft zwischen unseren großen Verlagsanstalten und jenen dilettantisch operierenden Privatinstituten ermessen lassen, von denen jedes Jahr soundso viele verschwinden, um ähnliche an ihre Stelle treten zu sehen. Mehr, es würde sich die Feststellung aufdrängen, daß selbst die lediglich merkantile Befriedigung der Nachfrage, wenn auch gewiß nicht rühmlich, so doch bei weitem diskutabler ist als ein großspuriger Idealismus, der den Markt mit nichtssagenden Büchern überschwemmt und Kapitalien in ihnen festlegt, die für unliterarische Zwecke besser verwandt würden.

Erst die Praxis würde die Tragweite einer alljährlichen kritischen Übersicht über die deutsche Verlagspolitik erkennen lassen. Eine solche Kritik, in der die literarischen Maßstäbe zugunsten soziologischer zurücktreten müßten, wird – und auch das ist nur einer ihrer Aspekte – die Antinomie zwischen dem, was man konstruktive und was man organische Verlagspolitik nennen könnte, ins Licht rücken. Ein Verleger kann sein Werk in der Umfassung und Ergründung bestimmter Interessengebiete konstruieren, er kann es aber auch in der Treue zu bestimmten Autoren oder Schulen sich organisch entwickeln lassen. Nicht immer werden diese beiden Möglichkeiten ohne weiteres harmonieren. Eben das müßte für den Verleger ein Anstoß sein, planwirtschaftlich einzugreifen und mit bestimmten Aufträgen an bestimmte Autoren heranzutreten. Nicht als ob dergleichen Fälle unbekannt wären. Im Zeitalter der Rationalisierung wirtschaftlicher sowohl wie geistiger Produktion müßten sie aber zur Norm werden. Daß davon nichts spürbar ist, hängt, nebenher, mit der Unterschätzung des Lektorats bei den meisten Verlagsanstalten zusammen. Die Zeiten, da ein Julius Elias, ein Moritz Heimann maßgebend auf einen Verlag wirken konnten, scheinen vorüber. Die Verleger aber haben sehr unrecht, in den Lektoren Empfangschefs und Neinsager und nicht vielmehr Fachleute für Verlagspolitik sich heranzuziehen, die brauchbare Manuskripte ins Leben zu rufen verstehen, anstatt unbrauchbare zu sichten. Und die Lektoren ihrerseits haben unrecht, ihren Idealismus gegen den Materialismus des Verlegers zu setzen, statt Ideen dergestalt zu fassen und zu vertreten, daß den Verleger selbst das wirtschaftliche Interesse nur immer enger an sie binden muß. Vielleicht gibt es diesen kurzen Vorschlägen einigen Nachdruck, wenn die Verleger sich klar machen, daß die Führenden unter ihnen von einer fundierten Kritik ihres Wirkens mehr Ehre und mehr Förderung zu erwarten hätten als von der fallweisen Begutachtung ihrer Produkte oder ihrer Fairneß.

Verursacht ein Poem dir Ärger
War's keins von Magnus Enzensberger

Jan Koneffke
Notmelder

Unterm Mond unsrer Schutzpolizei der lieber sein Auge bedeckte
riß sich ein Notmelder vor meinen Füßen vom Bürgersteig los: nimm mich mit!
heulte seine Sirene bis wir Hand in Hand
im Zickzack um Eckkneipen hüpften
Stammtische begegneten uns mit fanatischem Schluckauf extrem
keuchende Bettfedern Stockwerk um Stockwerk
träumte man Mordbrennerträume wir lehnten uns bald
an eine Mauer wo kregele Flegel
Grabsteine durchs Friedhofstor kegelten Streichhölzerarme
reckten sich zwischen Laternen und
nebeneinander in Viererreihen
marschierten Kanister Benzin, was war
das für ein Spuk gerne hätte ich jetzt
Soziologie studiert oder Plakate verfaßt
Anzeige erstattet beim Schutzpolizisten der
schielte zwei Langfingern nach
es half nichts mein Notmelder zeterte zum Steinerweichen:
mir ist himmelangst! beide büxten wir
aus ins Gebüsch

Burkhard Spinnen
Das Buch im Film

Eine angefangene Geschichte

Sandbaumhüter, Sandberger, Sandbothe. – Sandbothe. Ja, das wäre ein Name. Nennen wir ihn also so. (Al*so so* – na ja, später noch mal drüber nachdenken.) Sandbothe sieht eines Abends bei einem Bekannten einen Spielfilm. Die Begleitumstände sind eher unangenehm: eigentlich hat er nur mal vorbeischauen wollen; wie zu der Zeit, als sie Studenten waren. (Damals zu jeder Tages- und Nachtzeit ansprechbar; ausführen.) Aber jetzt sitzt die Familie des Bekannten versammelt vor dem Fernseher. Das heißt, die Eltern wollen den Spielfilm sehen und die Kinder nicht ins Bett gehen. Böse Worte von beiden Seiten, und es zieht sich in die Länge. Für Sandbothe das Ärgerlichste: den Bekannten, dessen Tonfall ihm früher nicht aufgefallen war (vermutlich wegen der Ähnlichkeit zum eigenen), nun reden zu hören wie einen Fremden. Wahrscheinlich liegt es an den Kindern. (Sandbothe ist unverheiratet.)

Irgendwann sind die Kinder dann im Bett. Endlich. Film ab. Übrigens: ein deutscher Spielfilm. Gar nicht mal schlecht, Handlung tut aber wenig zur Sache. Schauspieler auch nicht. Doch dann! Schon gegen Ende, die Hauptfigur sitzt einem Professor gegenüber (einem Historiker?): Und da glaubt Sandbothe, beinahe wie vom Schlag gerührt, im Regal hinter dem Professor ein Buch stehen zu sehen, nach dem er selbst seit Jahren vergeblich sucht!

Sandbothe ist nämlich Sammler. Will sagen: Er ist nicht unbedingt Bibliomane; die allermeisten Bücher, die er erwirbt, liest er umgehend. Wohlwollend könnte man sogar so (*so so*, schon wieder!) formulieren: Sandbothe erweitere lediglich seinen Bestand an Fachliteratur zu einem besonderen Interessensgebiet gerne um ältere und seltenere Stücke (Insektenkunde, Hundehaltung, frühe Fliegerei, dergleichen). Und die Freude über solchen Erwerb halte sich in Grenzen.

Das sind natürlich Vorwände. Und außerdem Lügen. Kein größerer Moment für Sandbothe, als in einem Antiquariat zu stehen, am besten in einem, das seine Bestände sorglos auf- und übereinandergestapelt präsentiert, und nach langem Suchen ein Stück in der Hand zu haben, dessen bibliographische Angaben er bis in die getrennte Paginierung von Vor- und Nachwort auswendig hersagen kann. Und köstlicher dann nichts als dieses Spiel: mit Gleichgültigkeit den Fund zur Kasse tragen, dabei eine Miene wie: Steht es wirklich dafür (das schwere Stück bis zum Bahnhof zu tragen)? Auf den Preis, und wenn er noch so klein ist, reagieren wie: Donnerwetter (Frechheit, mehr als den Altpapierwert zu verlangen)! Endlich die schönen Sekunden auf dem Weg nach draußen, da der übertölpelte Antiquar sich noch, notfalls von seinem Hausrecht Gebrauch machend, wieder in den Besitz der versehentlich weggegebenen Kostbarkeit bringen könnte, vergebens. Sieg! Und als dessen Nachfeier abends die wunderschön schwierige Überlegung, wo genau zwischen die anderen Bände der neue zu stellen ist.

Zurück vor den Fernseher. Sandbothe springt auf, stürzt mit einem Schrei Richtung Mattscheibe, erkennt dort, gewissermaßen Auge in Auge mit den Rasterpunkten, gar nichts mehr, sucht wieder Abstand zu gewinnen, ist sich nun plötzlich unsicher – da wechselt das Bild; und nichts ist sofort unwahrscheinlicher, als daß die betreffende Szenerie noch einmal erschiene. Sandbothe heult.

Mach keinen Aufstand! sagt der Bekannte. Seine Frau lacht. So kenne man ihn, den verrückten Sammler. Wir gucken jetzt in Ruhe zu Ende! heißt es. Sandbothe ist zu erschlagen, um gegen solche Kaltherzigkeit zu protestieren. Da endlich sieht er, was den Bekannten so zynisch sein läßt: Der Videorecorder zeichnet auf. (Natürlich wegen der Kinder, weiß man, ob man nicht gleich wieder hoch muß?)

Nach Ende des Films erhält Sandbothe von der Ehefrau des Bekannten ein stärkendes Getränk. Der Bekannte spult zurück, dann schneller Suchlauf. Einzelbildschaltung bis vor zur besten Perspektive, kleine Korrekturen an Kontrast und Helligkeit: kein Zweifel! Das gesuchte Stück. Wenn auch der Rückentitel vom Laien nicht eindeutig zu entziffern ist, so zeigen doch dem Kenner Format und Gestaltung und Farbe zusammen mit den Rudimenten der Schrift ein Bild, zu dem keine andere Sache als diese gehören kann. Und gäbe es tausendmal mehr Bücher, als es eh schon gibt!

Noch dies: Sandbothe hat das betreffende Werk auf einer Antiquariatsmesse vor etlichen Jahren in Händen gehalten. Jede Einzelheit hat sich ihm eingeprägt. Er hat es damals nicht gekauft. Im Glauben, das werde er noch einmal günstiger bekommen. Und dann hat sich herausgestellt, keines der Bücher über sein Fach ist so selten wie dieses, ja, dieser Titel ist seit etlicher Zeit so vollkommen unauffindbar, daß, wenn nicht oft daraus zitiert wäre und wenn nicht einzelne, wie er!, Exemplare in Händen gehalten hätten, die Vermutung naheläge, es habe ihn niemals gegeben.

An dieser Stelle erlaubt sich der Autor die letzte der dichterischen Freiheiten. Er hört auf zu schreiben. Denn dies ist das literarische Preisausschreiben in *Von Büchern & Lesern* 1995! Wie die angefangene Geschichte weitergeht, bestimmen nun SIE. (Richtig, *creative writing*, wo Sie es nicht erwartet hätten!) Drei Fragen legen dabei Ihrer Phantasie lockere Fesseln an:

1. Um welches Buch handelt es sich genau?
2. Auf welche besonderen Schwierigkeiten stößt Sandbothe bei der Suche nach dem Exemplar aus dem Fernsehen?
3. Welche (verblüffende?) Pointe schließt die Geschichte?

Der Autor hat zugesagt, aus den besten Einsendungen (die mit großzügigen Buchgeschenken prämiert werden), und freilich unter Nennung der Inspiratoren (gerne auch unter Verwendung ihres Wortlautes), den Text zu Ende zu schreiben. In *Von Büchern & Lesern* 1996. Allons! Adresse: Schöffling & Co., Klaus-Groth-Straße 40, 60320 Frankfurt am Main.

Peter Altenberg
Regeln für meinen Stammtisch

Das Nägelschneiden bei Tische ist verboten, selbst mit einer eigenen mitgebrachten Schere alten Systems; besonders aber mit der neuartigen Zwickmaschine, da die scharf abgezwickten Nägel dann leicht in die Biergläser springen können, und das Herausfischen mit Schwierigkeiten verbunden ist!

Das Wort »Popo« oder Ähnliches ist tunlichst zu vermeiden. Ist das aber unmöglich, so soll es mehr oder weniger geflüstert vorgebracht werden!

Ganz private Angelegenheiten, persönlichen Ehrgeiz, Eitelkeit, Größenwahn, »Sichpatzigmachen« betreffend, sollen nicht über drei Stunden lang gesprächsweise ausgedehnt werden. Es wäre denn, daß der Verbrecher einen Französischen Champagner dabei zahlt! Jede Flasche verlängert die Zeitdauer des Gespräches, bis sie leer ist!

Mitteilungen über private Verdauungsstörungen samt Detailschilderung, die von keinem allgemeinen Gesichtspunkte getragen sind, haben dem unglücklichen Nebensitzenden in kurzen knappen Ausdrücken übermittelt zu werden; auch muß das Mitgefühl des Zuhörers diskret gehalten sein, wobei er es versuchen muß, die natürliche Freude über das Mißgeschick seines Freundes taktvoll zurückzudämmen!

Politische Gespräche haben über die Phrase: »Ich glaube, in Amerika brandelt's«, nicht hinauszugehen!

Gespräche über Goethe haben nicht in eine gräßliche Anrempelei des Hugo von Hofmannsthal auszuarten!

Damen an unserem Tische, die zeitweilig »wohin« gehen müssen, haben von ihrem Gatten oder Geliebten laut und vernehmlich 20 Heller zu verlangen, da wenigstens *dieser Vorgang* an die »käuflichen Mädchen« uns angenehm erinnert!

Es durch längere Zeit hindurch versuchen, ob Zündhölzchenköpfe an einer Porzellanreibfläche abspringen, ist ungehörig, da es für die Frage der »Entwicklung der Menschheit«, der doch alles an diesem Stammtische dient, belanglos ist!

Junge Kellnerburschen dürfen nur gegen alle ihre Frechheiten von demjenigen in Schutz genommen werden, der sich ausweisen kann, daß er wirklich »homosexuell« sei!

Gespräche allgemeiner Natur müssen eine perfid versteckte Spitze gegen irgend jemanden an unserem Stammtische besitzen; es ist wie die Würze zu Speisen; man verdaut sie dann besser!

Liebespaare dürfen an unseren Tisch kommen; denn es ist ein untrügliches Anzeichen, daß sie wenigstens *diese* Stunden nicht miteinander allein verbringen wollen; also eine Niederlage coram publico. Außerdem kann man die Dame vielleicht abspenstig machen!

Die »Bestenliste« der Kritiker

Die ersten 50 Plätze

Eine Umfrage des Verlages unter Autoren

1989 luden wir Autoren aus Deutschland, Österreich und der Schweiz zu einem Spiel mit umgekehrtem Vorzeichen ein: zur »Bestenliste« der Kritiker. Vorbild damals wie heute war die »Bestenliste« des Südwestfunks, auf der seit Jahren Kritiker Büchern Punkte verleihen, denen sie »möglichst viele Leser« wünschen.

Die Jury der Autoren erhielt keinerlei Vorgaben; es wurde lediglich darum gebeten, auf einer Liste die »besten Kritiker« zu nennen, von Platz 1 (= 10 Punkte) bis Platz 10 (= 1 Punkt).

1995 haben wir nachgeschaut, ob sich in der Einschätzung der Autoren etwas geändert hat, ob neue Kritiker dazukommen oder sich »Wertschätzungen« geändert haben: das Ergebnis ist die folgende »Bestenliste« der Kritiker 1995.

Nicht alle der angeschriebenen Autoren mochten sich beteiligen:

»... was für eine saublöde Idee, bin ganz entsetzt. Und vergebe, wenns denn sein muß, lediglich 130.000 Minuspunkte an* ...«

---

* Den Autoren ist Diskretion zugesagt.

»Und im übrigen wird doch das Bedürfnis der Kritiker, Gesprächsgegenstand und allerwertester Teil der Kultur zu sein, schon hinreichend bedient, oder?«

Aus den Einsendungen der »Mitspieler« wurde die folgende Liste erstellt, die man so ernst wie jedes Spiel nehmen kann ...

Die »Bestenliste« der Kritiker 1995

Name		Punkte	Plazierung 1989
1.	Heinrich Vormweg	191	(1)
2.	Peter von Matt	174	(15)
3.	Sybille Cramer	137	(7)
4.	Andreas Isenschmid	122	(22)
5.	Volker Hage	117	(10)
6.	Sigrid Löffler	115	(8)
7.	Reinhard Baumgart	104	(6)
8.	Lothar Baier	102	(12)
9.	Wolfram Schütte	84	(5)
	Hubert Winkels	84	(-)
10.	Marcel Reich-Ranicki	82	(2)
11.	Verena Auffermann	77	(34)
12.	Wilfried Schoeller	74	(23)
13.	Rolf Vollmann	73	(38)
14.	Peter Demetz	72	(21)
15.	Beatrice von Matt	68	(12)
16.	Hellmuth Karasek	67	(3)

17.	Ulrich Weinzierl	63	(29)
18.	Klaus Modick	60	(28)
19.	Iris Radisch	55	(–)
20.	Jörg Drews	50	(9)
21.	Agnes Hüfner	49	(46)
22.	Rolf Michaelis	45	(4)
23.	Fritz J. Raddatz	44	(27)
24.	Hermann Wallmann	43	(–)
	Wolfgang Werth	43	(22)
25.	Peter Hamm	42	(17)
	Heinz F. Schafroth	42	(16)
26.	Elsbeth Pulver	41	(14)
27.	Albert von Schirnding	40	(24)
	Jürgen P. Wallmann	40	(40)
28.	Walter Boehlich	39	(48)
	Martin Lüdke	39	(11)
	Gustav Seibt	39	(–)
29.	Stephan Reinhardt	38	(36)
30.	Benjamin Henrichs	36	(20)
	Joachim Kaiser	36	(13)
31.	Karl Corino	35	(47)
	Werner Fuld	35	(25)
	Gunhild Kübler	35	(42)
32.	Eckart Kleßmann	34	(44)
33.	Harald Hartung	33	(30)
34.	Jörg Magenau	32	(–)
	Jürgen Manthey	32	(32)
35.	Walter Hinck	31	(26)
	Peter Laemmle	31	(41)
	Willi Winkler	31	(18)

36.	Eberhard Falcke	30	(–)
37.	Michael Braun	29	(41)
	Gerd Ueding	29	(39)
38.	Cora Stephan	28	(46)
39.	Hajo Steinert	27	(–)
40.	Klara Obermüller	26	(29)
41.	Walter Jens	23	(35)
42.	Michael Bauer	22	(49)
43.	Marko Martin	21	(–)
	Benedikt Erenz	21	(33)
	Helmut Böttiger	21	(–)
44.	Paul Ingendaay	20	(–)
45.	Kyra Stromberg	19	(31)
	Ulrich Greiner	19	(31)
46.	Hannes Stein	17	(-)
	Thomas Rothschild	17	(40)
	Michael Maar	17	(–)
47.	Wulf Segebrecht	16	(46)
	Frank Schirrmacher	16	(39)
	Jochen Hieber	16	(39)
	Caroline Neubaur	16	(37)
	Patrick Bahners	16	(–)
	Iso Camartin	16	(–)
48.	Ulrich Horstmann	15	(–)
	Helmut Schödel	15	(46)
	Elke Schmitter	15	(–)
	Robin Detje	15	(–)
49.	Frauke Meyer-Gosau	14	(–)
	Norbert Wehr	14	(–)
	Hubert Spiegel	14	(–)

	Christoph Dieckmann	14	(–)
50.	Dieter E. Zimmer	13	(–)
	Thomas Hettche	13	(–)

Die »Jury« der Autoren:

Jürg Amann
Wolfgang Bächler
Kurt Bartsch
Katja Behrens
Hans Bender
Otto A. Böhmer
Beat Brechbühl
Irmela Brender
Hans Christoph Buch
Hans Georg Bulla
Brigitte Burmeister
Michael Buselmeier
Bernd Cailloux
Mechthild Curtius
Daniela Dahn
Günter de Bruyn
F.C. Delius
Eva Demski
Clemens Eich
Gerd-Peter Eigner
Hans Magnus Enzensberger
Elke Erb
Urs Faes
Dieter Forte
Uwe Friesel
Renate Fueß
Zsuzsanna Gahse
Reto Hänny
Peter Härtling
Dorothée Haeseling
Eveline Hasler
Markus Hattstein
Wolfgang Hegewald
Kerstin Hensel
Alban Nikolai Herbst
Günter Herburger
Ludwig Homann
Jürgen Hultenreich
Norbert Johannimloh
Jens Johler
Jochen Kelter
Hermann Kinder
Radek Knapp

Ulrich Knellwolf
Roland Koch
Wolfgang Hermann Körner
Uwe Kolbe
Jan Koneffke
Angela Krauß
Ursula Krechel
Judith Kuckart
Reiner Kunze
Jürgen Lodemann
Erich Loest
Gert Loschütz
Klaus Modick
Libuše Moníková
Bodo Morshäuser
Martin Mosebach
Hanns-Josef Ortheil
Leonie Ossowski
Oskar Pastior
Hermann Peter Piwitt
Hans Pleschinski
Elisabeth Plessen
Angela Praesent
Lutz Rathenow
Gerlind Reinshagen
Asta Scheib
Jochen Schimmang
Klaus Schlesinger
Karla Schneider
Rolf Schneider
Margit Schreiner
Andrea Simmen
Werner Söllner
Jens Sparschuh
Burkhard Spinnen
Hermann Stahl
Beat Sterchi
Verena Stössinger
Uwe Timm
Guntram Vesper
Richard Wagner
Peter Wawerzinek
Michael Wildenhain
Michael Winter
Gabriele Wohmann
Peter Zeindler

Wird man vor Lust und Wildheit bleich
Ist's kein Poem. Nur Wilhelm Reich

Klaus Hensel
Gebet für einen Dichter

(nach e. e. cummings)

Mach ihn zu einem Dichter der Einfachheit
und der Klarheit. Hilf ihm, so zu leben, daß er
seinen Ansprüchen genügt. Lehr ihn, eine
haltbare Mauer aus großen Steinen zu bauen,
die unverrückbar ist, vor allem. Lehr ihn, Risse
mit kleineren Steinen zu füllen, mit dem Ton
der Sprachspiele und -bilder. Laß ihn die
Irrtümer sehen im Unglück und im Glück.

Mach ihn zu einem wahren Dichter, treu
seinem Ruf und seiner Berufung. Laß ihn
durch die Nacht sich tasten zu einem klaren,
warmen Licht. Laß ihn fest und unverrückbar
die Kommas richtig setzen und mit Herz.
Laß ihn weitermachen, willenlos und blind
an jedem Scheiß, den er schreibt, heiter
und ehrlich und gewitzt. Angstvoll nie.

Ulrich Weinzierl

Gut gelaunt genießen

Versöhnliche Blicke über den Eierbecher: Der Ingeborg-Bachmann-Wettbewerb in Klagenfurt

Ausnahmsweise scheint das Schicksal dem Berichterstatter gewogen: Von früheren Aufenthalten kennt er Sitten und auch Tücken der Veranstaltung zur Genüge, er kennt die Örtlichkeiten und viele Menschen. Fehler der Vergangenheit zu vermeiden ist sein erklärtes Ziel. Darum steigt er erstmals am Stadtrand ab, mitten im Grünen, in einem Hotel mit Schwimmbad. Wann immer möglich, flüchtet er aus der Hitze des Klagenfurter Wettlesens in die Beschaulichkeit seines Quartiers oder an den Wörthersee. Blickt er, ein vorsichtshalber fremdsprachiges Buch in Händen, vom Zauberberg-Balkon des Zimmers auf die Karawanken-Kette, schrumpft die naturgemäß leicht aufgeblähte Szenerie im ORF-Theater sofort auf erträgliches Maß. So schlecht kann ein gepriesener Text dort unten gar nicht sein, daß der Ärger darüber den Frieden hier oben beeinträchtigte. Die branchenüblichen Vergnügungen des traditionsreichsten Literaturbetriebsausflugs sind eben nur in homöopathischer Dosierung unschädlich. Nichts gegen die Freuden berufsständischer Geselligkeit, aber das Frühstücksei nimmt man lieber ungestört, also nicht in Gesellschaft erfolgshungrig-nervöser

Dichter und feinsinniger Verleger zu sich, die einen von den Vorzügen ihres Herbstprogramms überzeugen wollen.

Solche Diät nach dem Motto »Genuß ohne Reue« zeitigt spürbar positive Folgen: Während mancher Kollege übermüdet und griesgrämig die Arena der Bachmann-Kür umlagert und sichtlich auf Rache für erlittene Unbill sinnt, betritt der von der Bachmann-Kur gestärkte Berichterstatter voll entspannter Erwartung den Saal. Dieser, dank des gleißenden Scheinwerferlichts zum monumentalen Hobby-Grillraum umgestaltet, wurde wie stets von einem heimischen Künstler dekoriert. Auf dem Boden vor dem Halbrund der Preisrichter-Tischchen liegt ein Häuflein gerupftes Allerlei. Sind es die Federn, die fast jeder Bewerber lassen muß? Sei's, wie's sei – der Humbug der Symbolzauberei stört zumindest nicht.

Drei neue Juroren haben sich eingefunden: Gerne lauscht man Thomas Hettches punktgenauen Zynismen, denn seine knappen Einwürfe verraten ein äußerst empfindliches ästhetisches Sensorium. Der Wiener Experimental-Poet Ferdinand Schmatz wiederum ist kein begnadeter Stegreifredner, allein – wir werden ihm immerhin den Bachmann-Preisträger verdanken, den wohl niemand sonst nach Klagenfurt eingeladen hätte. Um Iris Radisch macht sich der Berichterstatter ungeachtet ihrer Intelligenz ein wenig Sorgen: Die Literaturredakteurin der *Zeit* gerät beim Verarbeiten der Lektüre regelmäßig in atemlose Erregung. Vielleicht sollte sie sich nicht so hingebungsvoll Reinhard Jirgls mit »kochendem Kinderspeichel« verdünnten Ruinen-Wortopern aussetzen, statt dessen zur Beruhigung einige Takte Mozart hören.

Alsbald wird von Fachleuten und Laien im Publikum geraunzt: Die Jury sei die unfähigste seit Jahren. Freilich gehört auch das zum Bachmann-Ritual. Die Experten bedienen sich seiner so lange, bis sie selbst dazu gehören. Gewiß, unschwer könnte man auf Debatten verzichten, ob es sich nun um ein »historisches«, ein »lauerndes« oder ein »antikisierendes« Präsens handle. Gewiß auch hat es sein Befremdliches, wenn reifere Herrschaften beiderlei Geschlechts von einem entschieden jugendfrischen Beitrag plötzlich und unerwartet »mehr Taumel«, »mehr Wahn« und »mehr Pop« verlangen. Und vollends in den Bezirk unfreiwilliger Komik führt uns der detektivische Scharfsinn eines Jurors, der den maskulinen Charakter einer literarischen Figur »an Glied und Hoden« erkennt.

Daß beinahe jeder zwischendurch Törichtes äußert, ist Rezensentenlos. Aber jeder hat auch Momente präziser Analyse, versteht sich im Glücksfall aufs Dechiffrieren der künstlerischen Geheimschrift. Der philosophische Samariter Iso Camartin zum Beispiel bewährt sich hierin als Meister, obgleich seine Deutungs- und Rettungsversuche die vorgetragene Prosa zuweilen bloß als Trampolin verwenden. Der zweite Schweizer in der Runde, Andreas Isenschmid, formuliert wie gedruckt. Deshalb schmerzt es ein bißchen, daß sogar er dem Klagenfurter Brauch huldigt, »seinen« Kandidaten auf Gedeih und Verderb und wider besseres Wissen zu verteidigen, ja zu rühmen. Professionelle Kritik lebt nicht zuletzt von der Glaubwürdigkeit der und des Kritisierenden. Einmal nur wirft der Sprecher der Jury, ein Gelehrter wundermild, energisch das Gewicht seiner Autorität in die Waagschale: Als eine unsäglich kitschige Erzählung über den Umgang mit dem Holocaust – er habe »uns Auschwitz geschenkt«, heißt es da von dem ungarischen Schriftsteller Imre Kertész, der in dem Text eine Rolle spielt – für besinnungslose Ergriffenheit sorgt, bemerkt Peter Demetz trocken, der preziöse Ton sei Indiz für »bedenklichen Betroffenheitskult«.

Gleich am ersten Vormittag hebt ein junger Tiroler die Stimmung. Klaus Händl grüßt via Fernsehen die Eltern und widmet das folgende Balladen-Stück seiner »Oma«. Die naturhymnischen Sätze jauchzen und münden in einen liturgischen Jodler. Das klingt tatsächlich sehr hübsch und wird allgemein belobigt. In den Tagen darauf schwebt Händl, welch erfreulicher Anblick, auf einer Wolke strahlenden Glücks durch den Wettbewerb. Einen Preis erhält er allerdings ebensowenig wie Mariella Mehr, Joachim Helfer, Volker Kaminski, Andreas Neumeister und Georg Martin Oswald, denen der Berichterstatter gleichfalls etwas finanziellen Lorbeer samt Blumenstrauß vergönnt hätte. Am zweiten Vormittag beschert dann der Romanauszug einer Grazerin tiefe Einblicke in das steirische Triebleben. Aufgrund seiner zur Drastik entschlossenen und dennoch blümchentapetenhaften Sexualmetaphorik vermag das Kapitel insbesondere männliche Leser, angeblich »spermageladene Waffen«, leider kaum zu befriedigen. Die Stimmung sinkt.

Kein Zweifel, das Durchschnittsniveau wirkt nicht gerade einschüchternd. Hin und wieder vermutet man, sich in die Jahreshauptversammlung der Langweiler verirrt zu haben, mit lauter Enzyklopädisten des Nichtwissenswerten. Deshalb wächst die Dankbarkeit für Qualität. Obwohl von der Spontankritik zum Teil heftig gezaust, wird Gundi Feyrer für ihr aus Poesie und Erkenntnistheorie gemischtes Traktat *Mein Sehen* schließlich das 3sat-Stipendium zuerkannt. Weil mit Verstand und Witz angelegtes Sprachvermögen auch heute noch Zinsen trägt, verdient Ilija Trojanows bulgarische Familiensaga *Die Welt ist groß und Rettung lauert überall* den neu gestifteten Bertelsmann-Literaturpreis durchaus.

Wie ein Gegenpol zu Trojanows Opulenz präsentiert sich Ingo Schulzes leise Märchen-Lakonik: Seine Expedition in die russischen Wälder, wo scheinbar idyllische Natur Schrecken und Gewalt birgt, wird mit dem Ernst-Willner-Preis bedacht. Den Preis des Landes Kärnten gewinnt Ulrike Kolb. *Danach*, die indirekte Liebeserklärung einer Tochter an den toten Vater, findet im kalten Licht der Anatomie statt. Das Resümee der Autorin am Schluß ihrer Lesung, »Wir landen alle in der Sektion, vor allem wenn wir ertrunken sind«, gibt dem wassersüchtigen Berichterstatter zu denken. Vor dem Ertrinken in den Wortkaskaden des allseits akklamierten Siegertextes *Die Krautflut* bewahrt das Lachen. Der achtundzwanzigjährige Oberösterreicher Stefan Griebl geht unter seinem Pseudonym Franzobel in die Geschichte des Bachmann-Preises ein. Offenbar ein Nachgeborener der *Wiener Gruppe*, entfesselt er ein Assoziations- und Klangspiel, das aus vermeintlichen Nonsens-Kapriolen und Kalauern funkelnden Sinn schlägt. Über den Titel könnte man indes streiten. Der Berichterstatter würde *Krautstrudel* vorziehen. Im Menüplan der Bachmann-Kur bekäme er wegen verbürgter Bekömmlichkeit einen Ehrenplatz.

Klaus Modick
Kreisquadraturen im Wasserglas

Ein Selbstgespräch

Die bessere Hälfte des Lebens
denkt man sich aus.
(Virginia Woolf)

I.

Vor etwa einem halben Jahr habe ich das Manuskript eines Romans abgeschlossen, genauer gesagt, ich habe mich davon getrennt und es verlassen. Das ist deshalb die genauere Formulierung, weil ein anscheinend fertiges Manuskript in mir immer das Gefühl erzeugt, jetzt alles noch einmal schreiben zu müssen, jetzt eigentlich erst wirklich anfangen zu können. Denn ich bin längst nicht mehr der, der ich war, als ich an dem Text zu arbeiten begann. Manuskripte, die ich an den Verlag gebe, damit sie gedruckt, verkauft, gelesen werden, kommen mir immer vor wie erwachsene Kinder, die das Elternhaus verlassen, um ihre eigenen Wege zu suchen; sie gehen Verbindungen ein, die mit der gegenwärtigen Wirklichkeit ihrer Erzeuger nichts mehr zu schaffen haben. Das, was ich beim Schreiben suchte oder verfolgte, löst sich von mir ab, betrifft nicht mehr nur noch mich, ist zwar in mir entstanden, lebt aber nun in den Köpfen anderer, wenn sie es lesen. Und eben deshalb ist es geschrieben worden – denn niemand schreibt nur für sich, er mag sich subjektiv gebärden wie er will: Schon der Schreibprozeß, noch der intimste, noch das »geheimste« Tagebuch zielen auf Verständigung mit Lesern; wäre es anders, müßten sich Anschauung und Erfahrung nicht dem Problem ausliefern, sich ins abstrakte Reich der Worte und Sätze übersetzen zu lassen. Die Publikation eines Textes ist dann schließlich die deutlichste Geste einer Subjektivität, die sich vermitteln will.

Was ich sagen konnte und wollte, während ich schrieb, liegt jetzt in dem Buch beschlossen, das dann eines Tages als fertiges Exemplar an mich zurückgekommen ist. Das erste Exemplar eines neuen Buchs fühlt sich zwiespältig an, schön, aber auch merkwürdig fremd – die Erinnerung an einen Zustand, der nicht mehr mit mir identisch ist, und Echo der Erfahrungen, die dem Text zugrunde liegen, aber auch und besonders derjenigen, die ich beim Schreiben gemacht habe. Und am ersten Exemplar haftet auch der Vorschein von Erfahrungen, die andere mit dem Buch machen werden; ausgelöst von meinem Eigensinn wird eine Flut von Vorstellungen entstehen, die mir nicht zugänglich sind. Der Gedanke, einmal mein eigenes Buch lesen zu können wie ein Fremder, ist deshalb verlockend, weil ich dann weiter über mich hinauskäme, als alles Schreiben mich aus mir selbst heben kann.

Eine schizophrene Vorstellung? Vielleicht. Vielleicht auch Stoff für eine gute Geschichte. Das Unmögliche ist immer verlockend.

II

Dann trat ich die vom Verlag organisierte Lesereise an, von der ich vorgestern zurückgekehrt bin. Die Großstädte, ein paar Provinzstädte; in einer Großstadt mit nur zwanzig Zuhörern der schlechteste Besuch, in einer Provinzstadt mit über hundert Leuten der beste; anschließend die üblichen Gespräche, manchmal interessant, wenn plötzlich Leser über Dimensionen des Buchs erzählen, die mir selbst fremd sind, wenn mir also ein winziger Einblick in die Kombinationsmöglichkeiten meiner eigenen Vorstellungen mit fremden gestattet wird; manchmal ein harmlos-belangloser Flirt, Mittelklasse-Hotels, ziemlich einsame Nächte, viele Zigaretten, Alkohol.

Bei diesen Lesungen wird die Trennung von Autor und Werk, die längst stattgefunden hat, als ich das Manuskript zum Druck gab, vorübergehend zurückgenommen, und das ist eine kuriose Erfahrung. Ich glaube zwar nicht, daß der literarische Ausdruck, die Verwandlung äußerer Eindrücke in Schrift, die Destillierung großer Wortmassen in poetisch geordnete Sprache, eine rein private Tätigkeit ist; immerhin suche ich ja die Öffentlichkeit, wenn auch im Medium des Buchs, und insofern hat die Öffentlichkeit, so sie sich anläßlich eines Buchs überhaupt noch herstellt, ein gewisses Recht auf Neugier, Fragen und Auskunft. Aber es ist anstrengend und fast hochstaplerisch, dann vor diesen mir unbekannten Leuten zu sitzen und sich damit abzumühen, aus dem vor Monaten geschriebenen, jetzt gedruckten Wort ein Du herauszulesen, dem Zuhörer das Gefühl zu suggerieren, gerade für ihn sei all dies geschrieben worden und so zu tun, als käme mir jedes Wort spontan von den Lippen.

Fast ist es so, als ob die Lesungen das Verhältnis, das durch die Veröffentlichung geschaffen wurde, wieder umkehren. Der Autor nimmt das Werk, das für ihn längst geschlossen, für das Publikum aber noch nicht einmal geöffnet ist, um selbst daneben zu stehen; die Lesung inszeniert also eine Rückkopplung des Werks auf sein ursprüngliches Subjekt: Ein eindringlicherer, im Grunde fast aufdringlicherer Hinweis auf meine Autorschaft ist gar nicht denkbar – es ist eine ähnliche Veranstaltung wie die Vernissage einer Ausstellung bildender Kunst, auf der überflüssigerweise der Künstler anwesend ist, als ob seine Gegenwart das Werk aufwerten könnte. Dabei spielt es auch keine Rolle, daß ich diese Vorführungen meiner selbst unter besonderer Berücksichtigung eines neu erschienenen Buchs fast ausschließlich aus ökonomischen Zwängen mitmache; die Honorare sind fester Bestandteil meines kargen Budgets.

Lesungen verkehren vier Kennzeichen von Literatur, die in Buchform erscheint, in ihr Gegenteil, nämlich Anonymität, Abwesenheit, Isolation und Schweigen. Anonymität, weil der Autor keine Kontrolle darüber hat, wie sein Buch vertrieben wird; ist ein Buch erst einmal gedruckt, kann jeder es an jeden verkaufen, verschenken, verleihen; der Autor weiß nicht, wer ein Exemplar besitzt, und der Leser weiß nicht wirklich, wer es geschrieben hat, selbst wenn ein Autorenfoto in der Umschlagklappe »klebt«. Abwesenheit, weil der Autor nicht körperlich anwesend ist, wenn der Leser liest. Isolation, weil Bücher tragbare

Medien sind, die man kaufen und mitnehmen kann, um sich ihnen zu Hause zuzuwenden. Schweigen, weil die Abwesenheit des Autors und die Isolation des Lesers die gesprochene Sprache überflüssig machen; um zu lesen, muß der Leser den Text nicht vokalisieren.

Wahrscheinlich entsteht die sich ständig wiederholende Peinlichkeit einer Lesung aus eben dieser überflüssigen Selbstreferenz des Geschriebenen auf den lebendigen Menschen, der es geschrieben hat, weil nun die Verhältnisse zwischen Autor, Werk und Publikum, zwischen privatem und öffentlichem Charakter der Veranstaltung sich verwischen. Ja, diese Peinlichkeit beruht darauf, daß in der Prätention des Öffentlichen das Private erscheinen soll, das radikal Subjektive, was Literatur ausmacht und nur literarisch ans Licht kommen, nie aber repräsentativ sein kann.

In der Tätigkeit des Schriftstellers liegt gleichwohl der Anspruch, die Möglichkeit jedenfalls und allemal das Risiko, mehr zu sagen, als einem Menschen mit einem ordentlich-bürgerlichen Beruf gemeinhin zugestanden wird, beziehungsweise er sich selbst erlaubt; auch der Anspruch, radikaler und genauer von seiner eigenen Persönlichkeit zu sprechen als der potentielle Leser. Diese Narrenfreiheit, die Sprache beim Wort zu nehmen und das Fleisch lebendiger Zusammenhänge Wort werden zu lassen, ist die notwendige Indiskretion der Schriftstellerei, und in diesem Sinn ist ein Autor eine veröffentlichte beziehungsweise sich veröffentlichende Person.

Ich respcktiere die Kollegen, die sich weigern, auf Lesungen aufzutreten, und ich beneide diejenigen, die es aus ökonomischen Gründen nicht mehr nötig haben, derart über die Dörfer zu ziehen; ich habe aber kein Verständnis für diejenigen, die zwar ihre – bisweilen theatralisch auratisierten – Lesungen inszenieren, sich anschließend aber den Fragen und Meinungen des Publikums verweigern und aus dieser Verweigerung wieder nur eine Pose überlebter Dichterselbstdarstellung schlagen. Wer's wählt, muß es tragen! Wer die Tätigkeit des Schriftstellers wählt und diese Tätigkeit bei Lesungen aus Überzeugung darstellt oder zumindest als Rolle spielt, muß die Fragen ertragen, die sich daraus ergeben. Und er sollte sie möglichst genau und ehrlich beantworten, weil die Antworten für sein Selbstverständnis wichtig sein können und weil die Fragen, gerade in ihrer gelegentlich sehr naiven Direktheit, auf Probleme zielen, die jeder Schriftsteller hat, ob er das nun will oder nicht. Deshalb gibt es im Anschluß an Lesungen auch kaum dumme Fragen, sondern nur dumme beziehungsweise blasierte Antworten.

III

Es sind vor allem drei Fragen, die mit verblüffender Regelmäßigkeit gestellt werden; Fragen, denen ich gern auswiche, denen auszuweichen aber auch ein Ausweichen vor mir selbst wäre. Leider fallen mir die richtigen Antworten oft erst später ein, so wie jetzt, da ich von der Reise zurück, über sie nachzudenken begonnen habe. Die erste und gewissermaßen harmloseste Frage lautet: »Können Sie vom Schreiben leben?« Ich beantworte sie mit einem

Bonmot, das leider nicht von mir ist: »Nein, aber von den Honoraren.« Hinter der Frage scheint mir gelegentlich die Meinung zu stecken, daß ein Schriftsteller, der vom Schreiben leben kann, ein guter Schriftsteller sein müsse, und umgekehrt; eine ziemlich maßlos frei-marktwirtschaftliche Vorstellung vom Wert der Literatur. Natürlich, Schreiben ist mein Beruf, und von den Honoraren muß ich in der Tat leben; und ich will nicht leugnen, daß Eitelkeit, Geltungsdrang, Ruhmsucht gar eine gewisse Rolle spielen (Robert Gernhardt hat zu diesen Fragen in seinem Buch *Glück Glanz Ruhm* erschöpfend und komischer, als ich es könnte, Auskunft gegeben).

Die zweite, weitaus interessantere Frage wird leider manchmal in einem fast inquisitorischen Ton vorgebracht, was ihre Beantwortung schwieriger macht, als sie es sowieso schon ist. Sie lautet: »Warum schreiben Sie?« – Ich antworte dann gern: Weil ich nichts Besseres weiß, und ich denke dabei an den Doppelsinn dieser Antwort, weil ich einerseits keine andere Tätigkeit wüßte, die mir gemäßer wäre als das Schreiben, weil ich aber andererseits inzwischen auch zu nichts anderem mehr taugen würde. Insofern hat mich das Schreiben verdorben, mich untauglich gemacht für lebenspraktischere Dinge.

»Warum schreiben Sie?« Das ließe sich allerdings auch so beantworten, daß meine Werke Schritt für Schritt Antworten auf diese Frage anbieten, immer variiert, immer anders entfaltet, und wer wirklich wissen will, warum ich schreibe, der kann sich an die Lektüre der Bücher halten – immerhin ist die Lesung auch eine Werbeveranstaltung zum Kauf dieser Bücher, und ich bin davon überzeugt, daß die Bücher mehr von ihrem Autor wissen als der Autor über sie. Oder ich könnte als Antwort die schönen Sätze Hugo von Hofmannsthals zitieren, mit denen er seinen Vortrag *Poesie und Leben* beschloß: »Was das Meer ist, darum darf man am wenigsten die Fische fragen. Nur höchstens, daß es nicht von Holz ist, erfährt man von ihnen.« Das ist durchaus kein Ausweichen vor einer Antwort, aber ein Ausweichen vor jenen Antworten, die einen komplizierten und widersprüchlichen Zusammenhang formelhaft raffen müßten. Denn die auf abstrakte Kürzel gebrachte Absichtserklärung bleibt immer so hohl, wie die noch so bescheidene Selbsteinschätzung eitel.

Im Grunde bezweifle ich, daß von den zeitgenössischen Schriftstellern überhaupt einer genau sagen könnte, was er da tut, wenn er schreibt, warum er so und nicht anders schreibt, als er schreibt oder für wen er schreibt – die Antwort auf das alles entscheidende Warum liegt vielleicht für immer unaufklärbar tief in unseren Kindheiten. Jedes neue Buch ist eine Annäherung, die viel freilegt, aber im Akt des Erfindens auch viel verhüllt. Je mehr ich schreibe, mit jedem neuen Buch, verdichtet sich in mir der Verdacht, die Rede der Fiktion sei im Grunde eine vexierte Figur des Schweigens; genauer gesagt, eine des Verschweigens dessen, was im Autor selbst nicht zu Wort kommen kann, sich nicht aussprechen läßt, aber in den Bildern der Sprache verschlüsselt nach außen dringt.

Spielen die Schriftsteller nicht alle ein herzlich sinnloses, manchmal schönes und lustvolles Spiel, das zu spielen dennoch qualvoll sein kann? Und stehen wir in unseren tradierten Rollen als »Aufklärer«, »Sinnstifter«, »gesellschaftliche Präzeptoren« gar oder auch nur ganz simpel als »Unterhalter« nicht allesamt mit dem Rücken zur Wand eines Zusammenhangs, der seine Sinn- und Leitbilder, seine Phantasmagorien auch, längst aus anderen, optischen, telematischen Medien bezieht? Auf verlorenem Posten also? Und wissen wir eigentlich, für wen oder was wir diesen Posten verteidigen? Und wissen wir eigentlich, gegen wen oder was wir stehen? Gewiß, ich kenne Kollegen, die kurz und bündig erklären können, wie, was, warum und für wen. Ich kann es nicht, und je mehr ich schreibe, desto weniger, weil ich den Formeln mißtraue und weil mein Schreiben sich gegen jede Formelsprache wehrt.

Ich weiß aber auch, daß in einer Gegenwart wie der unseren, in der weithin und schlechtweg nicht nur die Literatur, sondern alles fragwürdig ist, einzig die würdige – und das heißt dann wohl: die wahre – Antwort zählt. Wahr aber sind, von außen gesehen, nie und nimmer die Worte, sondern erstens das Schweigen, das heißt: das noch nicht von Worten gedeutete und damit gebrochene Dasein der Dinge, zweitens die Natur und drittens die Erfahrungsweise von Kindern. Nun bin ich aber kein Kind, und meine Naturerfahrungen sind gebrochen durch einen ästhetischen und urbanen Blick. *Genau dieser Blick, diese Kommunikationslust und diese intellektuelle Reflektiertheit bilden jedoch die Bedingungen und Voraussetzungen meines Schreibens, denn meine Arbeiten versuchen, soweit ich sie selbst verstehe, diese drei Wahrheiten im Zustand des Erwachsenseins in Rede oder Bild zu synthetisieren.* Denn es bringt weder Autor noch Leser weiter, pathetisch darauf zu bestehen, daß die Literatur das Gefäß des Schweigens bilde – oder welche metaphorischen Schönheiten sonst für den Zusammenhang aufbietbar sind. Es gibt zweifellos Unaussprechliches, und das höchste Prinzip ist ohne Worte; gäbe es jedoch keine Worte, könnte es sich als solches nicht erweisen. Eine realistische Haltung sieht in der Unaussprechbarkeit ein schlechtes Zeichen, einen Einwand gegen die Wahrheit eines Gedankens oder auch einen Einwand gegen die poetische Potenz von Autoren, die auf der Sphäre des Schweigens beharrten. Eine eher romantische Haltung sieht im Schweigen den Vorschein der Wahrheit. Diese Haltungen gehen am Problem vorbei; die eine greift zu kurz, die andere zu weit. Ob nämlich eine Erkenntnis, eine Erfahrung, eine Beobachtung aussprechbar ist oder nicht, hat mit ihrem Wahrheitsgehalt nichts zu tun, denn das Problem, am Ende unsagbar zu sein, teilt das Höchste mit dem Banalsten. Weder Gott noch die Farbe des Papiers, auf dem diese Worte stehen, können mit Worten adäquat beschrieben werden. Die Unaussprechbarkeit ist eine zufällige Linie, die die Grenzen des Zusammenfalls von Gedanke und Sprache, von Erfahrung und Wort bezeichnet. Sie läßt gewiß die metaphysischen Gipfel draußen; aber sie schließt genauso die Dinge des Lebens aus. Reden sei Silber, Schweigen Gold, weiß das Sprichwort und mag damit manche Alltagssituation lebensklug bezeichnen; Schweigen heißt aber: nicht sagen, was man sagen könnte, verschweigen also. Und das kann durchaus eine fruchtbare und sinnvolle Stille sein – nicht daß einfach die Worte fehlen, sondern daß man sie sich versagt. Die Sprache der Literatur ist jedoch die Beschreibung des Glanzes, den das Gold wirft.

Gewiß ist Literatur reflektierter Ausdruck von Mangel. Im Wissen um die Entfremdung träumt sie von einer Einheit, die vielleicht nie kommen kann, schafft im Medium des nicht-konzentrischen Subjekts, das der Autor sein muß, um von mehr als sich selbst sprechen zu können, die Fiktion des Individuums (oder dessen Auflösung, die freilich seine Fiktion voraussetzt). Und so bin ich doch mitten zwischen die abstrakten Kürzel geraten, wenn ich sage, daß mein Schreiben Zusammenhänge sucht im Zersplitterten, Einheit im Disparaten und Naivität im Be- und Gewußten oder, wie Robert Musil es formulierte: »Die logische Evidenz rührt daher, weil die Logik ihre Wurzeln im Gefühl hat und die Evidenz das Charakteristikum des Gefühls ist« – Beweise, wenn man so will, des Nichtbeweisbaren, Kreisquadraturen mithin.

Aber Literatur ist nicht nur Ausdruck von Mangel; sie bliebe dann, egal auf wie hohem ästhetischem Niveau, nichts als larmoyante Selbstentblößung des Autors. Literatur ist wesentlich auch Ausdruck eines Reichtums an Benennungsmöglichkeiten, an Worten; ein Reichtum, der nicht jedem gegeben ist, von dem zu geben jedoch Aufgabe des Autors ist: Er gibt davon an den Leser und verhilft damit dem Leser zu Einsichten, die dieser ohne das Angebot des Autors nicht hätte. Ein schönes Kompliment, das Leser mir manchmal machen, lautet: »Sie haben meine eigenen Gedanken ausgedrückt, besser als ich es selbst könnte.« Offenbar funktioniert Literatur, wenn sie denn funktioniert, in einem manchmal eng geschlossenen Regelkreis, in dem unartikulierte Phantasmagorien von Lesern mit der Sprache eines Buchs kurzgeschlossen werden, also zu Wort kommen und erst somit begriffen werden können. Ein schöneres Kompliment besteht darin, wenn Leser sich nicht nur wiedererkennen, sondern durch einen Text zu eigenen Vorstellungen gelangen, die sie ohne Kenntnis des Textes nie entwickeln würden. Die Subjektivität, die sich in den ästhetischen, regelfreien Strukturen seiner Literatur entfaltet hat, weist nun nicht mehr autistisch auf die Freuden und Leiden des Autors zurück, sondern hat im Leser etwas geöffnet. Der Kommunikationsprozeß, den jeder Schriftsteller herbeiwünscht, die Übereinstimmung, die er durch sein Werk zu erzeugen versucht, wird nur so Ereignis. Am leichtesten sind solche Übereinstimmungsmomente auf Lesungen erfahrbar, wenn es sich um komische Texte handelt, bei denen gelacht werden darf und soll: Im Gelächter des Publikums erfährt der Autor die Wirkung seiner Sprache.

Ich habe sowohl komische als auch »ernste« Bücher geschrieben, und ich weiß bis heute nicht genau, ob mein Sinn fürs Komische nicht nur eine Form der Selbstbehauptung und Distanz zu den Dingen und Menschen ist, sondern auch ein Filter, der mich von »tieferen« Erfahrungen trennt – oder ob nicht womöglich das Komische der eigentliche Ernst ist. Aber ich weiß inzwischen sehr genau, die Lesereisen haben es mich gelehrt, daß der radikale Ausdruck subjektiver Erfahrung literarisch nur dann sinnvoll ist, wenn dieser Ausdruck sich mit der Erfahrungsmöglichkeit und dem Erfahrungsbedürfnis des Publikums trifft. Was ich schreibe, muß mir gefallen, sonst könnte ich es nicht schreiben; mein Gefallen darf aber nicht selbstgefällig sein: kein Leser würde es verzeihen.

Die dritte, stereotype, aber für Leser wie Autor vermutlich gleichfalls sehr berechtigte Frage, die ich im Anschluß an Lesungen zu hören bekomme, lautet: »Haben Sie das alles selbst erlebt?« Manchmal wird die gleiche Frage in ein etwas höheres Abstraktionsniveau gepackt, lautet dann etwa: Wie hoch ist der autobiographische Gehalt? meint aber das Gleiche. Ich antworte dann gern mit einer Gegenfrage: »Warum wollen Sie das wissen?« Warum reicht es nicht, den Text, das Buch, auf Lesungen gar noch Erscheinung und Stimme des Autors zu haben? Warum ist das Leben des Autors wichtig, warum die Art und Weise, in der sein Leben in den Texten sich bricht?

Was ich als Autor gemacht habe, steht fest; steht im Buch. Warum wollen die Leute wissen, was ich durchgemacht habe? Der englische Romancier Julian Barnes hat in seinem Romanessay *Flauberts Papagei* die Frage folgendermaßen formuliert: »Warum bringen uns die Schriften dazu, dem Schriftsteller nachzujagen? Warum können wir ihn nicht einfach in Ruhe lassen? Warum reichen die Bücher nicht?« Und da Barnes die Frage gleichfalls nicht formelhaft verkürzt beantworten konnte, hat er darüber ein ganzes Buch geschrieben. Die Frage ist ja auch nicht einfach zu beantworten, so einfach jedenfalls nicht, wie es sich Lessing einst gemacht hat: »Man gewinne einen Schriftsteller nur erst lieb, und die geringste Kleinigkeit, die ihn betrifft, hört auf, uns gleichgültig zu sein.« – Das mag schon stimmen, und wenn die Frage meiner Leser oder Zuhörer bedeutet, daß sie mich lieb gewonnen haben, will ich es durchaus zufrieden sein. Aber warum wollen sie es wissen? Die Gegenfrage ist und bleibt offen.

Vielleicht halten die Leute Literatur doch wesentlich für den Stoff, der aus den Erfahrungen des Autors gemacht ist, das Material seines eigenen Lebens – was im Grunde genommen auch nicht völlig falsch ist, aber in dieser Unmittelbarkeit und Eindimensionalität am Wesen der Literatur völlig vorbeigeht. Vielleicht schwingt auch Enttäuschung darüber mit, daß ein Autor mit seinem Werk nicht identisch ist, vielleicht sogar Mißtrauen in den schönen Schein der Literatur, Mißtrauen in die Erfindung? Vielleicht suchen Leser im Buch tatsächlich ein besseres Leben, und der Autor soll nun mit seiner Existenz dafür einstehen, soll Vorbild sein. Jean Paul Sartre hat sich die Frage, welche Bedeutung ein Leser im Buch sucht, folgendermaßen beantwortet: »Ich glaube, es muß eine Bedeutung sein, die er selbst in seinem Leben nicht hat, etwas, das ihm entgeht; die Wörter stehen ihm wie jedem anderen zur Verfügung, aber etwas im Leben entgeht ihm, weil er ja etwas in den Büchern sucht. Weshalb liest man Romane oder Essays? Im Leben dessen, der liest, fehlt etwas, und das sucht er im Buch. Was ihm fehlt, ist ein Sinn, denn es ist ja genau dieser totale Sinn, den er dem Buch gibt, das er liest; der Sinn, der ihm fehlt, ist offensichtlich der Sinn seines Lebens, dieses Lebens, das für jeden ein schlechtes, schlecht gelebtes, ausgebeutetes, entfremdetes, betrogenes, falsches Leben ist, von dem aber gleichzeitig jeder, der es lebt, sehr wohl weiß, daß es anders sein könnte; wo, wann, wie?« Wo, wann, wie – darauf geben Bücher Antwort, indem sie Lebensmöglichkeiten durchspielen, Erfahrungsmodalitäten simulieren, Veränderungsvorschläge machen und damit den Leser aufs Leben zurückverweisen.

Wenn das stimmt, hätte ich mich als Autor allerdings selbst zu befragen, ob ich nicht aus dem gleichen Grund Bücher schreibe: Weil mir, kurz gesagt, im Leben etwas fehlt, weil ich die Mangelsituation, die ich eben als eine Bedingung von Literatur bezeichnet habe, bewältigen will. Von Novalis, der mich stark beeinflußt hat, weil er emphatisch auf der Wirklichkeit der Literatur bestand, stammt der apodiktische Satz: »Das Leben soll kein uns gegebener, sondern ein von uns gemachter Roman sein«, und ich verstehe diesen Satz so, daß ein Autor nicht von Menschen und Dingen erzählt, nicht von der Welt berichtet, sondern er erzählt *die* Menschen und Dinge, erfindet die Welt. Erzählen ist in diesem Sinn nie subjektiv; man könnte sogar sagen, je stärker es sich subjektiv zu gebärden scheint, desto weniger subjektiv ist es. Es gibt kein mit dem Erzähler identisches Aussagesubjekt. *Der Erzähler ist immer eine Erfindung des Autors*. Der Autor ist das Nicht-Konzentrische Ich par excellence. Und warum? Weil er konzentrisch sein will. Erzählen ist Heimweh nach einem harmonischen Zustand. Und Lesen? Vielleicht ein Trost ...

Flaubert hat bekanntlich gesagt: »Madame Bovary, das bin ich.« Das heißt, wie jeder weiß, natürlich nicht, daß Flauberts Erfahrungswelt mit der seiner Heldin identisch war. Flaubert hätte auch sagen können, wäre er danach gefragt worden, ob er alles selbst erlebt habe: Natürlich habe ich alles selbst erlebt. Ich habe es ja geschrieben! Der Schreibprozeß ist nämlich als realer Erfahrungsraum zu verstehen, in dem die Fiktion geboren wird – nicht als Kompensation oder Lebensersatz, sondern als Potenzierung von Erfahrung. Literatur *ist* eine Erfahrung, in der, mit einem Wort Martin Walsers, Entblößung und Verbergung gleich extrem auftreten. Literatur ist *nicht* der Bericht über Erfahrung, und sie ahmt auch Realität nicht nach; vielmehr sollte sie darum bemüht sein, die Fiktionalität der Wirklichkeit offenzulegen und darauf verzichten, fixierte Meinungen zu reproduzieren. »Zu schreiben«, so Raymond Federman, »meint also eine Möglichkeit, die Vorstellung abzuschaffen, daß Realität Wahrheit sei.«

Eben deshalb konnte Flaubert, nur scheinbar im Widerspruch zum Satz, er sei Madame Bovary, auch schreiben: »Ich habe weder von meinen Gefühlen noch von meinem Leben etwas hineingebracht. Die Illusion (wenn es eine gibt) kommt im Gegenteil aus der Unpersönlichkeit des Werkes. Es ist eines meiner Prinzipien, daß man sich nicht selbst beschreiben soll. Der Künstler muß in seinem Werk wie Gott in der Schöpfung sein, unsichtbar und allmächtig; man soll ihn überall spüren, ihn aber nirgends sehen.« Die Wahrheit des Autors ist gewissermaßen überall enthalten, aber nirgends zu finden. Es geht also um die Erfindung eines Lebens, indem eigene Möglichkeiten an fremden Figuren erprobt und durchgespielt werden; diese Figuren können so starkes Eigenleben entwickeln, daß sie dem Autor fremd werden – dem Leser aber müssen sie vertraut werden!

Mit Unmittelbarkeit oder gar mit dem vor einigen Jahren einmal sehr beliebten Begriff der persönlichen Betroffenheit hat Literatur, so wie ich sie entsprechend Flaubert verstehe, überhaupt nichts gemein. Sie ist kein Abbild der Wirklichkeit, sondern eine eigene Realität, »eine einsame

Realisierung *trotz* aller Welt« (Ludwig Hohl), in der allerdings die äußere Wirklichkeit auf komplizierte Weise zu Nach- und Vorbildern wird, zum schönen Schein. Literatur ist nämlich wesentlich eine Art der Aussage über die Wirklichkeit, wie sie nicht in Tabellen und Statistiken anzutreffen ist, und sie gibt die Möglichkeiten, menschliche Beziehungen, Verhaltensweisen und Erfahrungen zu verstehen, die nicht in Regel und Vorschrift, Verbot und Verwaltung anzutreffen sind. Ich bin davon überzeugt, daß Literatur mit den Rastern der Rationalität nicht hinreichend begriffen, mit dem Instrumentarium von Ideologiekritik nur auf einer ganz oberflächlichen Ebene erklärt oder gewertet werden kann. Folgt man jedoch Paul Valérys subtiler Bemerkung, die Literatur vollziehe die genaue Nachahmung dessen, was in den Dingen undefinierbar sei – und, so ist hinzuzufügen, aller naturwissenschaftlich-technischen Einsicht zum Trotz immer undefinierbar bleiben wird –, dürfte zumindest dämmern, daß weder ein politischer Diskurs noch die Bewegungen des redlichen, instrumentellen Denkens in Literatur aufgehen können. Ich rede hier keinem neuen Mystizismus das Wort, glaube aber, daß die Aufgabe der Literatur im Grunde erst dort beginnt, wo der rationale Diskurs versagt. Und der versagt im Gelächter so gut wie in der Ergriffenheit.

Max Frisch notierte: »Alle Geschichten sind erfunden, Spiele der Einbildung, Entwürfe der Erfahrung, Bilder, wahr nur als Bilder. Jeder Mensch, nicht nur der Dichter, erfindet seine Geschichten – nur daß er sie, im Gegensatz zum Dichter, für sein Leben hält – anders bekommen wir unsere Erlebnismuster, unsere Ich-Erfahrung, nicht zu

Gesicht.« – Leben ist vielleicht ohne solche Erfindungen unerträglich; Erinnerung ist ja nichts anderes als die wesentlich erfundene Melodie der eigenen Vergangenheit.

Was also antworte ich, wenn ich danach gefragt werde, ob ich alles selbst erlebt habe? Ich sage dann, daß ich nie über das schreibe, was ich selbst erlebt habe; es wäre auch zu wenig, zu banal, und es wäre dem Leser gegenüber rücksichtslos; aber ich kann nur schreiben, weil ich etwas erlebt habe und immer noch erlebe.

Und wie wird das Erlebte schließlich zu Literatur, zu etwas also, das weniger Information als vielmehr Ausdruck ist? Nimmt man den Begriff »Ausdruck« beim Wort, kann man den Zusammenhang vielleicht in folgendem Bild fassen: Um Orangensaft herzustellen, braucht man Orangen und eine Presse. Die Orangen sind dem Leben vergleichbar, der Wirklichkeit, der gegenüber der Autor die Funktion der Presse übernimmt. Dem Leser aber wird der Saft angeboten, er soll ihn trinken; deshalb tut der Autor gut daran, die Dünnflüssigkeit seiner eigenen Subjektivität gelegentlich durch Geschmacksverstärker anzureichern, die gewissermaßen nicht körpereigen sind. Insofern ist Literatur jedenfalls eine zweite, potenzierte Wirklichkeit, nämlich die durch den Filter einer Persönlichkeit gedrückte, ausgedrückte Welt, eine umgestaltete Wahrnehmung, auch, welcher Autor wollte es leugnen, eine (Wunsch)-Projektion.

Da grundsätzlich alles, was einem Autor widerfährt, Material der Fiktion werden kann, haben Schriftsteller zum Leben ein durchaus vampir-haftes Verhältnis. Aber vielleicht gibt man, auf andere Weise, durch die Erfindungen der Schriften dem Leben zurück, was man ihm als Material entnommen hat?

IV

Gegen Abend des Tags, an dem ich diese Seiten geschrieben habe, bin ich zum See gegangen, in dessen Nähe ich wohne. Das schönste Strandstück ist eine Stelle, an der das Moos der sandigen Ufer bis knapp unters durchsichtige Blau des Wasserspiegels reicht, wo die Binsen in alle Richtungen wuchern und an heißen Sommertagen Libellen im Geflimmer stehen; sie scheinen bewegungslos zu sein, aber diese Bewegungslosigkeit erreichen sie durch eine dem Auge kaum wahrnehmbare, unfaßbare Regelmäßigkeit des Flügelschlags und stehen dann in der Luft, deren Flirren an Zeilenraster eines unscharf eingestellten Fernsehgeräts denken läßt oder an Bilder des Spätimpressionismus – Luft, in deren Atmen man bei geschlossenen Augen noch den Stillen Ozean rauschen hört und sich Geschichten ausdenken könnte, die dort spielen. Aber dies Strandstück ist nur so lange schön, als du nicht da bist, nicht darin bist, sondern es aus der Distanz betrachtest. Im Zentrum des Schönen ist das Schöne leer, im Kern der Sprache herrscht Schweigen, und im Paradies sind Schriftsteller überflüssig. Von außen muß man sehen, um das Innen zeigen zu können. Wer innen ist, kann nichts zeigen, nur da sein, verfällt dem Kult des Schweigens und erreicht niemanden mehr, vielleicht nicht einmal mehr sich selbst. Literatur muß immer so tun, als ob sie im Innern der Erscheinungen sei. Wäre sie tatsächlich innen, sie müßte implodieren. Implodierte Kunst wäre die vollkommene Ruhe. Literatur ist aber immer Ausdruck von Unruhe, und sie sollte beim Leser Unruhe erzeugen: die Unruhe nämlich, aus scheinbar beruhigenden Antworten offene Fragen treten zu sehen.

Ich bin weitergegangen und dachte daran, daß wir keine grammatische Form haben, die das Ineinander von Vergangenheit und Gegenwart bezeichnet. Es muß also die Kombination von Worten innerhalb des grammatisch Gegebenen etwas schaffen, ein Als-ob eben, etwas, das zwar dauernd vorkommt und in unseren Köpfen ist, für das die geregelte Sprache aber nicht hinreicht. Den Kindern sind Gegenwart und Vergangenheit als Erfahrung noch wesentlich identisch. Was sie erinnern, ist vorhanden. Wahrscheinlich schwindet diese Fähigkeit, das Erlebte gegenwärtig zu haben, aber proportional zur Zunahme der Erlebnisse. Doch läßt sich in der Literatur der Einstand von Erinnerung und Gegenwart wieder herstellen. Es gibt eine Grammatik des Erzählens und des Erzählten. Man kann sich ihrer aber nicht einfach bedienen, sondern man muß sie immer neu produzieren.

Ich bin weitergegangen, auf die Abendwolken zu, die von Westen über den Feldern aufzogen, zersprengte Teile einer tiefgrauen Gewitterwand, die sich über den weiten, eintönigen Flächen der Küste aufgelöst haben mußte. Zwischen den Wolken glitt Sonne in langgezogenem, unklarem Schimmer umher. Die Wolken sind Tusche, die sich vom Pinsel des malenden Kindes, das du einmal warst, ablöst und im Glas, in dem zuvor Senf oder Kirschen verwahrt waren, als unendliche Formmöglichkeiten zu leben beginnt. Zuerst schwimmen vertraute Figuren hervor, Gesichter von Eltern, Geschwistern, Freunden, Tiere dann vielleicht, Elefanten, Krokodile, der Zoobesuch der letzten Woche lacht dir aus dem Glas entgegen; aber keine Vögel, denn Vögel sind die festen Farbteilchen, die sich nicht auflösen, sondern als flatternde Schwärme vor den Wolken, den Tieren, Gesichtern schweben. Langsam bilden sich Formen aus, die zu Gestalten werden, für die es kein Vorbild im Außen gibt, die du in der Welt nie gesehen hast, sondern vielleicht in deinen Träumen. Oder es sind die Gestalten, die deine Träume bevölkern, nachdem oder weil du sie am Himmel, der im Wasserglas steckt und unendlich ist, gesehen hast.

Es gibt für dich keine Reihenfolge, die Zeit ist nur das Schlagen der Standuhr im dunklen Flur, wenn die Eltern ausgegangen sind und du schlafen sollst. Das Bekannte ist nicht das Eigentliche. Das Bekannte ist die Welt, wie du sie sehen sollst und zu sehen lernst, indem man dir befiehlt, so zu sehen, wie die Dinge sein müssen, indem man dir vor-schreibt, so sei es. Die eigentlichen Formen, das spürtest du damals genau, hattest es lange vergessen und erst wiederzufinden begonnen, als du geschrieben hast, die eigentlichen Formen sind die vorbildlosen, entsprechungslosen, mit allem ähnlichen, sich selbst bildenden, nicht zu erklärenden, Erklärungen nicht fordernden, die Formen des Zufalls, der Liebe, des Spiels; die Formen, die du siehst, weil du Kind bist, die du schaffst, weil du in die Tusche im Wasserglas blickst, in den Himmel jetzt beim Spaziergang. Die eigentlichen Formen, die etwas erzählen, die aber im Entstehen bereits wieder in sich zerfallen und keinen Anspruch auf Dauer haben, die des Übergangs, des Moments. Das Bekannte, Feste, die Welt, wie man sie dir verordnet, ist nur in der Dauer und als Dauer. Das Abenteuer aber steckt im Nu.

Später, ich bin noch ein wenig weitergegangen, das Kind war auch längst kein Kind mehr, hast du gelernt, daß das Abenteuer des Erzählens nur gelingen kann, wenn ihm die Dauer des Bekannten ständig im Weg steht, wenn Welt und Imagination sich reiben. Der Augenblick wird dann in die Zeit eingelegt wie Gurken in Essig, Großmutters Küche im Sommer, strenger Geruch, der erst später das Wasser im Mund zusammenlaufen läßt wie ein bedingter Reflex, eingelegt wie der Tuschpinsel in die klaren, ungemischten Farben deines Tuschkastens. Befreit von der Dauer der kreisrunden Farbtöpfchen, entschlüpft die Farbe zu Formen, tauchst du die Spitze ins Wasser, spannst du Papier in die Maschine. Wolken ziehen dann vielleicht von Westen auf, das Grün der letzten Pinselstriche, die Regelhaftigkeit der Zeichen auf dem Papier verschwimmen zu belaubten, moosigen Kronen, über die Regenfronten ein überraschendes Grau-Blau wettern. Und dazwischen diese scharfen Spritzer Gelb. Sonnenblitze an einem Sommerabend, der noch sehr viel Regen in der Luft trug.

V

So ähnlich, vielleicht. Ich bin dann noch etwas weitergegangen.

Jennifer Poehler
landschaft fix vergangen

und
in geraden linien
zu zeichnen der
frißt die mitte; idyllisch
gesteckte flur, ach
das feine zinnober-
getränkte blatt das
bricht, es
rieselt, ihm
halt das abgesicht
hin, sind doch
fallhöhen die du
bereist, maserung des
abhandengekommenen
holzes, einweben des schlafs in die
gräser und
wieder zurück in den
wind gelegt sprechen
vögel metallisches
zeug: nur was langsam
verstummt geb ich

gerne zurück, nur was
zwischen die felder
gelegt schriften von
grün ist
schweigt gut.

Fritz Rudolf Fries
Uwe Johnson

Vermutlich am 21. Februar 1984, vor neun Jahren auf den Tag, starb Uwe Johnson in seinem Haus in Sheerness-on-Sea. Jetzt wird er in den »neuen Ländern« entdeckt, als ein Chronist und Prophet. Wir sind uns das letzte Mal in der Akademie der Künste Westberlin begegnet. *Schriftsteller für den Frieden* oder so ähnlich lautete das Thema. Der schwarze Jazz-Poet Leroi Jones bot ein paarmal an, uns alle in den Arsch zu ficken und segnete die Atombombe, diesen Ausdruck phallischer Anmaßung des weißen Mannes, und so war es nur gerecht, wenn sie uns allen – allen Weißen – den Tod brachte. Hermann Kant pöbelte den liebenswürdigen Robert Jungk an, und Irina Hermlin übersetzte die donnernden Warnungen von Aitmatow. Uwe Johnson führte am letzten Tag den Vorsitz, mit Witz und traurigem Gesicht. Jeder wußte von seiner Ehegeschichte, und keiner wußte etwas Genaues, Gerüchte, halbe Eingeständnisse, die Johnson, das Schreiben wieder lernend, in seiner Absturzgeschichte des Schriftstellers Catt, *Skizze eines Verunglückten*, verdichtet hatte. Ich erzählte ihm, daß auch meine Helden aus *Oobliadooh* in späteren Jahren ihre Ehefrauen umgebracht hätten, und gab ihm die in *Sinn und Form* abgedruckte Geschichte. Paul Wiens, als ihr neuer Chefredakteur, hatte sie verantwortet und mich lediglich zu einer kleinen Umstellung im Titel überredet: Anstelle von *Frauentags Ende...* hieß es nun *Frauentags Anfang oder das Ende von Arlecq und Paasch.* Johnson entdeckte sogleich einen Fehler in einem englischen Zitat: *Beeing a murder myself...* hatte ich geschrieben: Es heißt, sagte er: *Beeing a murderer myself...* Und um Silben hatten wir schon früher gestritten, wenn die so überfein entwickelten Sensorien seiner norddeutschen Empfindlichkeit meine Behauptungen nicht ertragen wollten. Denn hatte nicht sein Eintreten für mich bei Unseld zwar zum Druck meines ersten Romans geführt, aber hatte ich nicht deshalb meinen Broterwerb als Assistent an der Akademie der Wissenschaften zu Berlin, Hauptstadt der DDR, verloren – und trotzdem pflegte ich freundlichen Umgang mit ihm, der einem Vater von drei Kindern die Existenz genommen? Ich mußte viel von dem mitgebrachten Whisky in mich hineinschütten, um dieser Logik folgen zu können.

Taktlos auch das Benehmen meiner Kinder in Gegenwart seiner Tochter Katharina – *Kollege K.*, ein Mädchen gleichaltrig mit meiner Tochter Mauri. Ohne ihren Beistand hätte Johnson kaum den Weg zurück durch den schwach beleuchteten Ort zum Bahnhof gefunden, auch wenn die Mengen Bier und Whisky, die in seinem Riesenleib verschwanden, ihn immer nur luzider machten. Das leibliche Auge aber trübte sich und wurde nachtblind. Sohn Jacob, schon immer in einer künstlerischen Phase, malte damals auf großem Format die schönsten Clowns. Johnson, ein Kinderfreund, der mit Kindern und mit Katzen von gleich zu gleich sprach, verhandelte mit Jacob über den Ankauf eines solchen Bildes – für Katharinas Geburtstag. Die Sache ging in aller Heimlichkeit vor sich, und der mit einemmal erfolgreiche Künstler konnte seine Freude nicht für sich behalten und flüsterte seinen Geschwistern zu, wie die Transaktion gelaufen und was Johnson im Sinne eines Kompensationsgeschäfts, wie es die devisenarme DDR betrieb – Ware gegen Ware – zu schicken gewillt war. Kollege K. wurde Zeuge der Flüsterei, kam heulend zu uns, ihr Vater, der meinen Jüngsten auf den Knien hatte und ihn nach Krankheiten ausfragte (und Bob ist noch heute der größte Johnson-Verehrer in der Familie), erhob sich und verkündete, er könne in einem solchen Hause nicht länger bleiben. Und *exit* in die Nacht des Niederbarnim. Eine halbe Stunde Fußweg zur S-Bahn. Womöglich hatte *Zur letzten Minute*, ein Glas-Bier-Geschäft, wie mein Schwiegervater das nannte, noch geöffnet. Anne war wie oft auch an jenem Abend nicht zu Hause, mit ihren Tanzkindern beschäftigt. Ihre Anwesenheit hätte ihn gezähmt. Auch hatten unsere Ehefrauen vom Typ her viel Ähnlichkeit, und doch bin ich heute in Verlegenheit, mich an diese Ähnlichkeit zu erinnern. Ich will nicht so weit gehen und die Zuverlässigkeit ihrer körperlichen Erscheinung beschreiben; es war auch die Zuverlässigkeit einer Penelope, die ihren Reisenden empfängt, ohne Mißtrauen und mit gedecktem Tisch. Es braucht eine Weile, bis sie entdeckt, daß Homer ein pathologischer Lügner ist, der das letzte Wort behalten möchte. Sie zahlt es ihm mit gleicher Münze zurück.

Warum ist er so früh gegangen? würde Bob an jenem Abend gefragt haben.

Michael Winter
Wieland und die Badewanne

Nach Dokumenten aus Grubers Nachlaß

Der Sommer hatte sich gegen Wieland verschworen. Es war einer der rauhesten, an den er sich erinnern konnte. Der Juni war so kalt, windig und unfreundlich, daß man sich in den Februar zurückgeworfen glaubte, und der Juli ließ sich noch schrecklicher an. Stürmische Westwinde bei Tag und bei Nacht, ein immer dicht bewölkter Himmel und von drei Tagen zwei Regentage. Wochenlang mußten zweimal täglich die Wohnzimmer in Oßmannstedt geheizt werden, das Barometer stand beständig anderthalb, zwei, drei, höchstens vier Linien über siebenundzwanzig Zoll, und es war keine Besserung in Sicht. Viel Geduld bei anhaltend übler Witterung gehörte nicht zu Wielands Tugenden. Er war durch trübes Wetter in sehr schlechte Laune versetzt, die sich keineswegs dadurch besserte, daß er jede Stunde nach dem Barometer sah. Er glaubte nämlich fest daran, daß der Barometerstand auf seinen dichterischen Erfindungsgeist einwirke. Was ihn betreffe, klagte er Lütkemüller, so verliere der seinige bei zu geringem Druck der Luft erheblich an Spannkraft, und es falle ihm einfach nichts mehr ein. Es bedürfe wenigstens siebenundzwanzig Zoll sechs Linien, um dichten zu können. Begeisterung durch alkoholische

Getränke, wodurch nach Wielands Meinung höchstens das entstünde, was die Romantiker Literatur nennen würden, lehnte der sächsisch-weimarische Voltaire strikt ab, nicht hingegen die Aufwallung des Blutes durch heiße Bäder.

So wurde beschlossen, aus Weimar eine gußeiserne Badewanne zu besorgen, obwohl eine solche Investition dem Spiel mit dem vollständigen Bankrott gleichkam. Denn in die Haushaltskasse des Dichters waren durch den Kauf des Landgutes, durch die zahlreiche Familie und durch die letzte und die zu erwartende Mißernte so viele Löcher gerissen worden, daß der Hausvater sich bereits seit einiger Zeit gezwungen sah, mit heftigerem Dichten und einer aggressiveren Verkaufsstrategie für seine Geistesblitze die Negativa auszugleichen. Bei dieser Rechnung kamen ihm jedoch die Romantiker in die Quere, die Wieland eines veralteten Salontons bezichtigten, sich über seine Texte lustig machten und sogar einige seiner Bücher verbrannten, so daß sie völlig aus der Mode kamen und sie niemand mehr kaufte. Das war gerade in der Zeit, als Wielands Verleger Göschen die sämtlichen Werke des Autors in vier verschiedenen Ausgaben auf den Markt warf. Das Unternehmen, das Göschen viel Geld kostete, von dem das meiste an den ewig um Vorschüsse bettelnden Autor ging, erwies sich als vollkommener Fehlschlag. Wieland aber drehte den Spieß um und tadelte seinen Verleger, sein lebhafter Geist und sein Herz habe ihn zuviel von der deutschen Nation hoffen lassen. Er stellte sich als Opfer einer Verschwörung dar und bat weiterhin um Vorschüsse. Die Schuld liege nicht an ihm, daß seine Bücher keine allgemeine Sensation mehr unter dem gebildeten Publikum machen würden, erklärte er Göschen. Es habe sich vielmehr seit einiger Zeit eine obskure Kabale gegen ihn erhoben, die unter der Hand von berühmten Männern begünstigt werde. Er nannte sogar Goethe und Schiller, die sich in ihren *Xenien* über Göschens Unternehmung mokiert und vor allem die Brüder Schlegel, die in ihrer Zeitschrift *Athenäum* verkündet hatten, Wieland werde schließlich Supplemente zu den Supplementen seiner sämtlichen Werke herausgeben, die nur unbedruckte Blätter enthalten würden.

Nun hatte sich auch noch das Wetter mit den literarischen Feinden gegen Wieland verbunden. Um mit einem Schlag die dichterische Flaute in unerhörte Inspiration, den Hohn der Welt in Bewunderung und Staunen und den Mangel in Reichtum zu verwandeln, bedurfte es einer letzten finanziellen Anstrengung. Das war der Erwerb der Badewanne. Wielands Verlegenheit beim Kauf des sanitären Objekts entstand daraus, daß er nur auf eine Anzahlung von zweihundert Talern gerechnet hatte. Der Vorbesitzer, Graf von Marschall, wollte aber die ganze Summe auf einmal, und so mußte Wieland seinen Verleger erneut fragen: Können Sie, lieber Göschen, mir entweder die ganze Summe, oder wenigstens einen beträchtlichen Teil derselben als ein verzinsliches und nach und nach abzutragendes Kapital um 3 höchstens 3 1/2 pr. Cent. verschaffen? Göschen zögerte, und Wieland fragte nun wegen des Honorars für alle Supplemente und vier noch ungedruckte Bände Fortsetzung der sämtlichen Werke an, wofür er mit Einschluß von dreitausend Talern, als bereits akkordiertem Honorar für die zweite Auflage von dreißig Bänden der sämtlichen Werke siebentausend Taler forderte. Da gab Göschen nach und schickte tausend Taler.

Die Wanne wurde in der Bibliothek aufgestellt, zwischen Wielands Schreibtisch und den Bücherregalen, aber hinter einem dreiflügeligen Paravent. Denn der Dichter wollte auf keinen Fall, daß man ihn unbekleidet sah. Ein feines Gefühl für das Schickliche verbot es ihm, sich sogar von engsten Freunden im Schlafrock und Nachtmütze oder einem um den Kopf gewickelten Tuch sehen zu lassen. Nur die Angehörigen der Familie durften ihn in diesem intimen Aufzug sehen, in dem er oft der Bequemlichkeit halber bis zum Mittag blieb. Aus der festen Absicht Wielands, die Vormittage nun zum Arbeiten in der Wanne zu verbringen, ergaben sich einige Peinlichkeiten, die der Literat mit einem strengen Reglement überwand, das alle im Hause während seiner Badezeit zu beachten hatten. Hinter den Paravent durften nur Dorothea und die Kinder treten, im äußersten Fall Lütkemüller, um die Bücherstapel, die rechts und links neben der Wanne standen, gegebenenfalls zu ergänzen. Dorothea aber mußte die Eimer, in denen das abgekühlte und das in der Küche neu erhitzte Wasser befördert wurde, vor dem Paravent an die Magd abgeben oder von ihr in Empfang nehmen. Selbst Neugierige hätten jedoch von unserem Weimarer Klassiker nur gerade den Oberkörper bis zur Brust und die Füße zu sehen bekommen, denn über die Wanne war ein tiefes Brett gelegt, auf dem neben einem Schreibpult, Tintenfaß, Federn, Stapel von Büchern und von Manuskriptpapier standen. Nach den ersten Vormittagen in der Wanne, an denen Wieland nur so dalag und den Aufwallungen seines Blutes nachspürte, von warmen Meeren träumte, von sonnendurchglühten Hainen voller Tempel und von einem arkadischen Griechenland, bevölkert mit Satyrn und Sirenen, weißen Göttingen und standhaften Philosophen, kamen ihm plötzlich die wahnwitzigsten literarischen Einfälle, und wie in einer Vision stand sein bisher unvollendeter Roman *Aristipp* in einer ganz anderen Gestalt, als sie Göschen bereits vorlag und mit einer Fortsetzung vor Augen, die die Welt verwundert hätte. Wieland begann wie im Rausch zu schreiben. Er schrieb Sätze, wie er sie nie zuvor zu schreiben gewagt und gab ihnen Inhalte, die man nie von ihm erwartet hätte und die die Freiheiten der Romantiker in ihrer Poesie weit hinter sich ließen. Er tauchte ein in die Zukunft des Schreibens, und es ward ihm plötzlich die Fähigkeit gegeben, ein ganzes Jahrhundert zu überspringen. Es war aber wohl eine fromme Täuschung unseres Olympiers, daß solche unerhörten Eingebungen allein vom heißen Wasser kamen. Die außerordentliche Erregbarkeit seiner Phantasie hatte einen ganz anderen Grund, nämlich das junge Fräulein Sophie von Brentano, die Schwester von Clemens, die sich im Sommer zuvor mit ihrer Großmutter, der Jugendliebe Wielands, Sophie La Roche, in Oßmannstedt aufgehalten hatte und nun in die Idylle zurückgekehrt war. Es war von beiden Seiten Liebe auf den ersten Blick. Sophie hing mit der Hingabe der jungen Frauen an dem grauhaarigen Dichterfürsten, und er explodierte zu neuer Jugendlichkeit. Ach, wissen Sie, sagte Sophie zu ihm, als sie an einem etwas milderen Abend an der Ilm spazierengingen, wissen Sie, was ich möchte? Bis an meinen Tod bei ihnen bleiben. Ihr Wunsch ging in Erfüllung. Noch im Herbst desselben Jahres hob man für sie das Grab in Wielands Arkadien aus.

Wieland liebte Sophie zugleich als Tochter und als Freundin und als noch etwas anderes, wenn er im heißen Wasser lag, und sie wirkte auf seinen *Aristipp* als eine Muse und Grazie, wie er noch keine gehabt hatte. Sie erregte seinen Geist bis an die Grenze des Menschen Möglichen und bis weit über die Grenzen des Schicklichen. Da sich bei Dorothea die ersten, von niemandem ernst genommenen Anzeichen zu ihrer letzten Krankheit zeigten, bat er sie, Sophie möge des Vormittags ihre Stelle hinter dem Paravent einnehmen, und Dorothea genehmigte es mit einem Lächeln. Das heiße Wasser um sich und Sophie vor Augen wurde Wieland zum modernen Dichter. Aller Salonton fiel von ihm ab, und die Aufklärung wurde ihm gleichgültig. Er tat einen tiefen Blick nach vorn, weit über Hölderlin und Byron hinaus. Er strich aus seinem *Aristipp* die Platon-Passage und alle gelehrten Dialoge und formte einen Roman, der den Sprung vom *Wilhelm Meister* in eine geheimnisvolle Zukunft machte. *Aristipp* war nicht mehr der abgeklärte Philosoph, sondern ein fauler Saufbold, der seine Tage im Bett und seine Nächte in griechischen Hafenkneipen verbrachte, und Lais war keine Edelhetäre, sondern eine ordinäre Nutte, allerdings von einer ungeheuren Intelligenz und Schlauheit. Sie war jetzt die Protagonistin und hatte den Vorausblick, der Jahrhunderte einfängt und eine Lebensphilosophie im Kopf, die selbst den Marquis de Sade oder Choderlos de Laclos in Erstaunen versetzt hätte.

Neben Wielands Wanne wuchs Morgen für Morgen das Manuskript. Die Sätze waren nicht wie sonst fein säuberlich auf die Bogen geschrieben. Der Schriftsteller warf die Wörter und Buchstaben wie in Trance hin. Nach einem Monat waren fast achthundert Seiten beisammen. Links neben der Wanne stand der Stapel mit dem alten *Aristipp*-Manuskript, und rechts türmte sich der neue wundersame Roman auf, der die Welt der Literatur hätte verändern können, wenn es nicht diesen einen Tag der Verwirrung gegeben hätte.

Schon in der Nacht zuvor schlief Wieland unruhig. Das unablässige Baden hatte seinen Geist vielleicht zu sehr einem Zustand angenähert, wie wir ihn von den französischen Revolutionären kennen, die nie schliefen und ständig vom Rotwein berauscht, schließlich statt Gott die Guillotine anbeteten. Am Morgen war er schweißgebadet aus einem Alptraum erwacht. Es träumte ihm, er säße in seiner Wanne, aber nicht in Oßmannstedt, sondern mitten im Paris der Revolution, und schreibe nicht am *Teutschen Merkur*, sondern am *Ami du Peuple*. Plötzlich sei die Tür aufgesprungen und Charlotte Corday sei mit einem Brief von Göschen hereingekommen und die Corday habe die Züge Sophiens gehabt. Beim Frühstück schalt ihn Dorothea, daß durch seine Baderei das Heizmaterial für den Winter stark im Abnehmen sei, und wie das alles bezahlt werden solle. Aber Wieland hörte nicht hin und murmelte nur etwas von alten Manuskriptstapeln, die man getrost zum Anheizen nehmen könne. Da kam ein Bote und kündigte Goethe zur Mittagssuppe an, und kurze Zeit darauf kam ein zweiter mit einem Billett von Schlegel, der um eine Unterredung bat. Voller Mißtrauen in die Welt stieg Wieland in die Wanne. Selbst Lütkemüller war heute unkonzentriert. Denn er verwechselte die Manuskriptstapel und stellte den alten *Aristipp* rechts und den neuen links neben das Bademöbel. Ehe es Wieland merkte, verschwand Lütkemüller wortlos, und unser Dichter mußte sich, da er in der Wanne von dem Schreibpult gefangen war, in die neue Situation schicken. Er schrieb einige Sätze, aber die Sache wollte nichts Rechtes werden. Er strich und verbesserte, knetete den Bogen schließlich zu einer Kugel und warf ihn voller Zorn gegen die Bücherwand. Dunkelmänner, fuhr es ihm durch den Kopf, eine obskure Verschwörung, sogar Lütkemüller, wer noch in seiner unmittelbaren Umgebung? Schlegels und Goethes angekündigte Besuche. Ein Attentat ... Da stand Sophie plötzlich mit einem Couvert in der Hand vor ihm. Wieland war wie gelähmt. Er brachte kein Wort heraus. Die Schwester eines Romantikers, flüsterte der Teufel in sein Ohr. Von Göschen, sagte Sophie. Wieland tauchte bis zur Nase ins Wasser und schob das Brett mit dem Schreibpult schützend vor seine Brust, wodurch sein Unterkörper sichtbar wurde. In dem Moment trat unerlaubterweise die Magd hinter den Paravent, stieß einen spitzen Schrei aus, schnappte sich mit zusammengekniffenen Augen und vorgehaltener Hand den Stapel Manuskriptpapier, den sie gerade erwischen konnte, und entfloh in die Küche. So verschwand Wielands letzter großer Roman, der seinen Autor vor der Nachwelt zum Zeus des Weimarer Dichterolymps gemacht hätte, im Herdfeuer, und wir müssen uns mit den unzulänglichen Resten der ersten, Fragment gebliebenen Fassung zufriedengeben. Denn, nachdem alle seine Genien kurze Zeit darauf gestorben waren, erlangte der gebrochene Mann nie mehr die Kraft, ähnliches zu wagen.

Nur wenig macht dich wirklich schwach, Mann
so schwach wie ein Poem der Bachmann

Helga M. Novak
Monolog eines Buchhändlers

wie überleben?
wie die Geschichten überleben und die Lehren
aus der Geschichte?
wie die schwarzen Zähne überleben,
gezogen oder verfault?
wie Abreise und Heimkehr überleben
und deren Wiederholbarkeit?
wie die Himmelangst überleben, im letzten
Augenblick und kurz vor Toresschluß
aus Müdigkeit einfach zu bleiben?
wie überleben?

Will das denn gar nicht mehr aufhören, das Rattern, das Klopfen? Immerzu drückt jemand auf die Klinke oder haut mit dem ganzen Körper gegen die Tür, obwohl alles abgeschlossen, zugesperrt, verriegelt ist. Ja, abgeschlossen! Ich will niemanden sehen und auch niemanden hören. Trotzdem wird permanent versucht, hier einzudringen, meinen Laden zu stürmen, zwischen meinen Regalen und den Büchern herumzuwühlen. Nein, das sind nicht die, auf deren Erscheinen ich mich vorbereite – und sei es durch meinen stillen Fortgang – es handelt sich eindeutig um ehemalige Kunden, die nach mir rufen und durch die versperrte Tür auf mich einreden. Als wäre eine verriegelte Tür nicht Antwort genug! Entweder ist der Bewohner nicht da, oder er möchte seine Ruhe haben. Dabei wünsche ich mir sehnsüchtig einen Gesprächspartner, einen, der zuhört, mir auf die Sprünge hilft – aber darauf kann ich lange warten. Die Kunden stören nur, räsonieren, wollen nichts als bedient werden. Gewiß stehen die Bücher zum Verkauf aus – bis gestern jedenfalls war es so. Und bis gestern war ich auch bereit zu laufen, zu klettern, zu entstauben, zu beraten, zu kassieren, einzuwickeln oder alles wieder einzusortieren. Wenn auch Klagen gekommen sind, hier herrsche ein undurchdringliches Durcheinander, ganz zu schweigen von der schlechten Luft und den Kehrichthaufen unter den Tischen und Regalen: andererseits kann es so schlimm nicht gewesen sein, wenn sie mich jetzt belagern.

Soviel steht fest, ich habe euch ausgesperrt, um erst einmal mit mir zu Rate zu gehen, mich zu besinnnen, mit mir ins reine zu kommen – dann können wir weiterreden. Das heißt, wir könnten, wenn ich mich nicht entschlossen hätte, einem unangenehmen Besuch, den ich erwarte, auszuweichen, mich unbemerkt zu entfernen. Die Frage ist nur: wohin?

Heute den ganzen Tag überm Globus gestanden oder den Atlas durchgehechelt.

Wird es kalt sein oder heiß? Oder windig, staubig, drückend?

Es werden doch noch zwei Arten Kleidung in einen Koffer passen, einmal für kalte und einmal für heiße Tage.

Doch das Wetter liegt meistens dazwischen.

Ein Anzug, viermal, nein dreimal Unterwäsche, Strümpfe ...

Ich sollte lieber ein Paket Waschpulver einstecken.

... noch eine Hose, dazu zwei Pullover, zwei weiße Hemden und Bettzeug ...

Um Himmels willen, das riecht sofort nach Obdachlosigkeit.

Lieber einen Schlafsack.

Schlafsack ist lächerlich.

Packen, packen, packen – ich werde noch wahnsinnig.

Aber ein Wahnsinniger hat erst recht Gründe, unangenehmen Besuchern auszuweichen.

Auch wenn ich die Abreise verschiebe, gibt es eigentlich nichts mehr zu reden, schon gar nicht über den Laden, der angeblich so verschmutzt ist. Kann gut sein, eines Tages wird er mir weggenommen oder die Pacht wird gekündigt. Verletzung der Ladenschlußgesetze, in meinem Fall der Öffnungszeiten! Ach, wo denke ich hin, mit dem Laden bin ich längst fertig. Ich muß Klarheit schaffen, die Gedanken ordnen, die mich verführen, verwirren, hin und her zerren. Trotzdem werde ich dabei das Gefühl nicht los, ich müsse mich fortstehlen, und zwar auf dem schnellsten Wege.

Im Augenblick bin ich in meiner Wohnung, die hinter dem Laden liegt und die ich genauso verrammelt habe wie das Geschäft. Nach vorne hin eine Barrikade aus Regalen und Büchern, nach hinten die versperrte Küchentür und dann die ebenfalls verschlossene und verstellte Tür zwischen Küche und Wohnzimmer. Alle Ausgänge verstopft! Eingeschlossen habe ich mich, sitze in einer Falle.

Ich gehe auf und ab und lausche. Nichts! Und doch! Ah, wie es mich warnt, auslacht, anfleht, vertreibt. Ja, vertreiben ist das richtige Wort. Ich selber vertreibe mich, jage mich davon. Und kaum habe ich meine Sachen gepackt, hält es mich wieder, zieht mich zurück.

wie den Haufen von Sachen überleben?
  wie die Wohnung überleben, die Langetten,
  die Tapete aus Schwamm?
  wie den Fußschweiß und den Wurm im Bettfuß?
  wie dieses Haus überleben und die lädierten
  Geruchsverschlüsse
  an den Kniescheiben seiner Rohre?
  und warum nicht doch aufstehen,
  alles liegenlassen und abreisen?
  und wie diese Abreise überleben, im Bewußtsein,
  daß sie endgültig ist?

Immer wieder packt er seine Koffer.
Immer wieder blättert er den Atlas durch.
Immer wieder bricht ihm der Schweiß aus.
Immer wieder sucht er seine Brieftasche.
Immer wieder hört er Stimmen.
Immer wieder zählt er seine Ersparnisse.
Immer wieder studiert er Fahrpläne.
Immer wieder faltet er seine Schlafdecke zusammen.
Immer wieder näht er lose Knöpfe an.
Immer wieder weiß er nicht wohin mit sich.
Immer wieder klappert er in Gedanken alte Freunde ab.
Immer wieder packt er die Koffer wieder um.

Womöglich mache ich mir ganz falsche Vorstellungen und habe keine bessere Erklärung beizubringen, als daß meine Gedanken schließlich irgendwo herkommen müssen. Auch aus der Luft Gegriffenes hat Ursachen und ist eben greifbar. Soviel steht fest, ich erwarte stündlich den Besuch einiger Herren, die gerade Zahlen bevorzugen und deren Auftritt auf eine verbissene und anstrengende Einstudierung schließen läßt, ähnlich zum Beispiel einer Revue. Nehmen wir nur das Hochschmeißen der Beine im Takt, dann stehen sie den Vorführdamen in nichts nach, und wenn sie das Fetzchen- und Streifenhafte der Tanzkostüme auch mit mehreren Lagen wetterfestem Tuch ausgleichen, so haben sie doch denselben Sinn für Zierat, akkurat gesetzte Glanzpunkte, Pailletten und hervorragendes, metallisches Beiwerk.

Gekoppelt mit diesem Besuch erwarte ich letzte Anstöße, meine kleine Bastion, das heißt, meine Wohnung verlassen zu müssen, wenn ich mich nicht schon früher dazu entschließe, und sei es bei einem Wetter wie heute.

wie diesen Regen überleben, der die Fenster
  mit Rittersporn verklebt,
der allen Schutt, den er aus Baustellen vor meiner Türe ablädt,
und die gebrochenen Rohre verstopft?
wer ansetzt und trinkt,
hat grüne Rosen am Mund.
wie überleben?
wie diesen Regen überleben, der einsperrt
und das Gedächtnis aufklappt?

wie die Wolkenbrüche überleben,
die das Quartier einriegeln und mich,
der sich selber gefangen hält?

Wer dauernd Fahrpläne studiert, schafft es in keinen Zug.

Wer sich fortwährend auf seine Abreise vorbereitet, der will gar nicht weg.

Wer immerzu die Koffer umpackt, wird sein Gepäck nie außer Landes tragen.

Wer sich vorher alle Schrecken der Fremde ausmalt, der sitzt noch in seiner Stadt, wenn sie brennt.

Wer mehr als einen falschen Paß besitzt, der kann sich nicht entscheiden.

Wer Tag für Tag am Globus dreht, der findet die allernächste Grenzstation nicht.

Wer sich dauernd andere Münzen in den Gürtel näht, setzt keinen Fuß vor die Tür seines Hauses.

Wer jeden Tag vorausberechnet, dem bleiben die Uhren stehen.

Wer jeden Abend seine Stiefel einfettet, den überrascht das Unglück im eigenen Bett.

Als ich den Laden noch pünktlich offenhielt und sich eine Flut selbstsicherer, ja anmaßender Kunden auf die Bücherhaufen stürzte, mit eiligen Blicken all den gedruckten Krempel überflog und verwarf oder an sich riß, da habe ich inmitten meiner redseligen Käufer natürlich dieses und jenes Gespräch gehört. O nein, ich habe sie nicht belauscht, das hatte ich nicht nötig. Ich habe einfach im Vorübergehen etwas aufgefangen, aufgeschnappt – nicht, was sie im Schilde führten, eher ihre Wunschbilder, die mich dann auch beflügelt haben, sich übertrugen auf den kramenden, dienernden, beratenden Buchhändler, der ich war. Ach, wie haben mich die Respektlosigkeiten, der Mutwille, die heitere Tatkraft entzückt! Wie haben die rücksichtslosen, dafür phantasievollen Pläne mich veranlaßt, auch meinerseits mit allerlei Handreichungen am Fundament kratzen zu helfen! Viele Mäuse zerfressen ein Haus. Und nun halte ich den Atem an und übe mich in Schweigen und erwarte die, die mich abklopfen werden, ausforschen, durchleuchten.

Selten genug, daß ein nichtssagender Mann nichts sagt! Ja, ich warte, um dann den Mund zu halten, will andererseits weg, um nicht länger den Mund halten zu müssen, will wiederum bleiben, obwohl ich dann den Mund halten muß, will auf alle Fälle überleben, selbst auf die Gefahr hin, für immer den Mund halten zu müssen. Seit geraumer Weile fühle ich mich genauso wie damals, als ich im Schuppen zwischen Kaninchen und Kohlen auf die halbe 5 b gewartet habe. Es ist die Wiederholung, die mich durcheinander bringt, mich festnagelt, mich puterrot werden läßt, die mich gefangenhält und am Ende noch verrückt macht.

Sukabumi, Herzogenrauch, Gotska Sandö, Inokaschira, Strohgäu, Donggala, Rappahannock, Zwölffaxing, Theadelphia, Guaikuru, Neaepidauros, Hikawa, Würm, Swenigorad, Les Logesen-Josas, Thalheim, Irapuato, Wuhan, Ninguta, Madenburg, Yellowknife, Bom Jesus da Lapa, Awaschima, Torrowangee, Weinhübel, Barankaraschan

wie überleben?
wie diesen Tag überleben und den nächsten?
wie den lauten, schweigenden Tag überleben,
seine Transitvisa und Laufpässe?
wie die gelüfteten Hüte überleben und den Redner:
jetzt sind die Fronten klar?
wie das gestrichene Korn und den Zielfehler?
wie diesen Tag überleben
und das Schloß vorm Mund und die Köpfe
und die Feste, die noch fallen?

Nein, ich vergesse die Kaninchen nicht und schon gar nicht die Kohlen. Angefangen hat es auf dem alten Friedhof, gleich neben der Schule. Die Mauern stehen noch, die Gräber hatte man eingeebnet und mit Gras besät. Und dort spielten sie bei jeder Gelegenheit Völkerball. Mitten in der großen Pause verschwand der Ball. Ich hatte nicht mitgespielt, aber ich war damals nicht der einzige, der an der alten Friedhofsmauer klebte und zuschaute. Der Ball kam herübergeflogen und tauchte im Gebüsch unter. Keine Minute später war Egon Kohlke hinterhergesprungen, die Zeit war knapp, er suchte, schon klingelte es zur nächsten Stunde. Ich rannte los, Egon Kohlke kam zu spät, wurde in die Ecke gestellt und zog dort und hinter dem Rücken des Lehrers wutschnaubende Grimassen. Der Ball war weg. Sie haben ihn auch nach der Schule nicht gefunden, und am nächsten Tag nahmen sie mich in die Mangel. Nein, ich hatte ihre rissige, kaum noch federnde Mauke nicht beiseite geschafft, aber ich wußte, wer es getan hatte und machte mich sofort verdächtig, weil ich rot anlief und zitterte und schwitzte. Ich hatte Klöße im Mund und leugnete nicht einmal. Ich schwieg einfach, auch unter Androhung von Klassenkeile, die sie auf den Nachmittag drei Uhr ansetzten. Sie versprachen, mich abzuholen, und ich, ich habe gewartet, wie jetzt.

Gleich nach dem Essen bin ich rüber in den Schuppen. Anstatt die Beine in die Hand zu nehmen, habe ich mich eingenistet. Anstatt ihnen Hacke und Sichel entgegenzuhalten, habe ich die Kohlen umgestapelt und mich dahinter versteckt. Punkt drei Uhr fiel der Stapel zusammen. Als erster kletterte Gerdchen Sommerlatte über die Halde. Zwischen seinen Fingern ragten vier Nägel hervor. Ja, er hielt den Knoten aus Nagelköpfen und Gummiband in seiner Faust. Dieser Stich- und Reißwaffe habe ich die Narbe über meiner linken Augenbraue zu verdanken. Gib den Ball heraus, schrie er, und die anderen fielen ein, gib den Ball heraus! Um ein Haar hätte ich gelacht, aber ich wollte den wirklichen Dieb nicht reizen, der aus gutem Grund am lautesten schrie. Was weiter im Schuppen geschah, spielt hier keine Rolle. Ich habe es mir gemerkt, und das genügt!

Inzwischen packt er die Koffer wieder aus.
Inzwischen döst er wieder und grübelt.
Inzwischen faltet er die Schlafdecke wieder auseinander.
Inzwischen geht der Tag zur Neige.
Inzwischen packt er die Hälfte der Sachen wieder in den Schrank.
Inzwischen legt er dic Brieftasche wieder auf den Nachttisch.

Inzwischen dreht er wieder am Globus.
Inzwischen trägt er den kleineren Koffer auf den Hängeboden.
Inzwischen setzt er sich wieder und stiert in die Gegend.

wie die Ströme der Verschickten überleben?
der Ausgerückten, der Geschlagenen,
und derer, die nicht vom Fleck kommen?
wie die Freunde überleben,
wenn man den Verdacht nicht los wird,
sie seien vom fahrenden Zug abgesprungen?
wie überleben mit der Furcht,
sie würden absichtlich
jede Begegnung vermeiden?
und wie überleben mit der Furcht
sie überlebt zu haben?

Obwohl ich ganz alleine hier bin, tritt doch keinen Augenblick Ruhe ein. Ich bin eingekreist von Handwerkern, die die Fassade des Hauses renovieren. Den ganzen Tag stundenlanges, sehr hohes, sehr lautes Zischen, oder besser: Pfeifen. Grüne, gelbe und mehlig graue Zeltbahnen hängen um das Haus herum und verdunkeln die gepuderten Fenster. Still! Jetzt höre ich nichts mehr, keinen Ton. Als seien die Geräusche nie gewesen, als hätte ich mir alles nur eingebildet, als könne ich durch die dicken Vorhänge und Läden gar nichts hören. Tatsache ist, der alte Putz wird abgeschmirgelt, abgeschliffen, abgeschrubbt, abgebürstet, abgerieben, aufgewirbelt. Und direkt unter meinem Fenster hecheln Herr Falbe und die Metzgerin die

Preise für die Fensterputzer durch. Oder war das gestern, als ich noch als Buchhändler in meinem Laden stand?

Zwanzig Mark die Stunde, und weil sie das Fenster schon in fünfzehn Minuten fertig haben, kommen sie auf achtzig Mark die Stunde, behauptet die Metzgerin. Bitte schön, das geht mich nichts mehr an. Für meine Fenster wird ein anderer zahlen müssen, wenn er sie blank haben will. Es ist nicht zu fassen, erst beklagt sie sich, und plötzlich verteidigt sie die Fensterputzer. Wer schwer arbeitet, sagt die Metzgerin, der kauft auch tüchtig Fleisch. Gewiß, aber keine Bücher. Sie ahnt nicht, daß ich ihr auf den Mund starre. Nein, mein Name taucht nicht auf. Es wäre mir lieb gewesen, die beiden von mir sprechen zu hören, auch wenn es nichts Vorteilhaftes gewesen wäre. Ach, wie schnell lassen sie einen alten Buchhändler unter den Tisch fallen. Für sie bin ich schon nicht mehr da.

Und jetzt packt er wieder seine Koffer.
Und jetzt studiert er wieder den Atlas.
Und jetzt leidet er wieder unter Atemnot.
Und jetzt sucht er wieder seine Brieftasche.
Und jetzt hört er wieder Stimmen.
Und jetzt zählt er wieder seine Ersparnisse.
Und jetzt liest er wieder Fahrpläne.
Und jetzt faltet er seine Schlafdecke wieder auseinander.
Und jetzt lauscht er wieder auf irgendwas.

Andererseits kann das auch sein Gutes haben, wenn sie mich für abwesend halten. Fragt jemand nach mir, heißt es dann gleich, der ist schon seit längerer Zeit weg, den haben wir schon seit Tagen nicht mehr gesehen, weiß der Himmel, wo der Mann geblieben ist. So kann ich sie in die Irre führen und veranlassen, daß sie mich an einem Ort suchen, den ich noch gar nicht erreicht habe. Schließlich würde man von mir ablassen, weil ich, wie jeder nachrechnet, schon längst eine unserer Grenzen überschritten haben müßte. Das ist ein Lichtblick.

Zugegeben, ich habe nicht gelernt, mich zu gedulden. Ich kann nicht warten. Vielleicht möchte ich nur deshalb dem, was mich erwartet, was ich erwarte, zuvorkommen. Genug davon! Hauptsache, ich finde einen Weg, einen Ausweg.

wie überleben?
wie in den Innereien der Stadt
die Vehikel überleben, die eine Kurve
nach der anderen kratzen?
wie den Mephistowalzer der Verkehrsmittel überleben,
wie Blaulicht und Martinshorn?
wie das Flechtwerk toter Wurzeln
überleben unter den krepierten Alleen
Zeugen meiner Marathonläufe?
wie diese Stadt überleben?

Meine Kapitulation! Ich bereite also meine endgültige und letzte klägliche Kapitulation vor. Dennoch werde ich in der Stadt bleiben müssen, dieser lauten, ekelhaften, zermürbenden Stadt. Sie ist ein gleichermaßen geräumiges wie sicheres Versteck. Und was zwingt mich denn, Zeuge der Übergabe meiner kleinen verstaubten Festung zu werden? Wer neugierig ist, hat noch Hoffnung. Um diese Neugierde zu befriedigen, werde ich in der Stadt bleiben. So undurchführbar dürfte es nicht sein, von Zeit zu Zeit einen verstohlenen Blick auf meinen Laden zu werfen. Das setzt natürlich voraus, Abschied vom eigenen Gesicht zu nehmen. Und wie das? Keine Ahnung, auch diese Frage trifft mich unvorbereitet.

Immer wieder packt er seine Koffer.
Immer wieder blättert er den Atlas durch.
Immer wieder bricht ihm der Schweiß aus.
Immer wieder sucht er seine Brieftasche.
Immer wieder hat er seinen Paß verlegt.
Immer wieder hört er Stimmen.
Immer wieder studiert er Fahrpläne.
Immer wieder putzt er seine Schuhe.
Immer wieder klappert er in Gedanken alte Freunde und Verwandte ab.
Immer wieder packt er seine Koffer um.

Auch das habe ich nicht vergessen: das graue, schlechtgeheizte Lehrlingsheim, unsere Sprecher als rüde Gehilfen der Heimleitung und des Hausmeisters, kein Ausgang nach neun, und Licht aus um zehn. Trotzdem habe ich meine Kammer verteidigt, meinen Verhau, als sie mich rauswerfen wollten; ich habe alles blockiert und mich eingesperrt. Zu verdanken hatte ich den ganzen Aufwand dem Lehrmädchen, das mit mir bei demselben Buchhändler in die Lehre ging, Gerda Weber. Nein, das ist nicht richtig. Wenn einer Schuld hatte, dann der Lehrherr selber.

Buchhändler Schaff hielt streng auf die Einhaltung zweier Vorschriften. Einmal (das galt den weiblichen Angestellten), hier wird nicht in langen Hosen bedient, sondern in Röcken! Zum anderen, während der Arbeit wird nicht gelesen! Gerda Weber hatte sich für ein Buch begeistert, das »Enzyklopädie der weiblichen Handarbeiten« hieß. Besessen von zwei kombinierten Alphabeten (die sogenannten äußeren Buchstaben, vollgefressene, aus dem Leim gegangene Lettern, und dazu ein Muster innerer Buchstaben, direkt aus dem Schraubstock gezogen), hatte sie in den öden Sommermonaten angefangen, Monogramme zu sticken. Egal, welche Paarung gewünscht wurde, die dicken und die dünnen Buchstaben ließen sich immer ineinanderfügen und verschlingen. Auf Gerdas Taschentüchern, Blusen und Söckchen, überall entflammten Balken, Ränder und Querstreifen – ein buntes Gekröse aus G und W, und alle fünf Minuten sprang Gerda auf und schlug in der Enzyklopädie nach.

Es dauerte nicht lange, und Buchhändler Schaff ließ die ganze Hauswirtschaft in die oberste Regalreihe verfrachten. Wenn Gerda hinaufkletterte, strich er unten um die Leiter herum. Ich ertrug das nicht und vertauschte die Anleitungen zum Hausfleiß oben mit der Philosophie unten, damit Gerda ihr Buch wieder in Augenhöhe hatte. Zweimal gabs heftigen Krach, beim dritten Mal machte Schaff seine Drohungen wahr und kündigte mir den Lehrvertrag wegen Ungehorsam und Aufsässigkeit. Damit verlor ich das Recht auf einen Platz im Lehrlingsheim.

Auf gutes Zureden habe ich noch nie reagiert. Es blieb ihnen nichts anderes übrig, als mit Stemmeisen und Enterhaken meine Zimmerbefestigungen einzureißen. Die ersten schweißnassen Gesichter blickten herein, und trotz meiner Angst mußte ich wieder lachen. Die Rache ist fürchterlich. Wie lange ist das alles her. Niemand hat mir beizeiten gesagt, daß Geschichte und Geschichten wiederholbar sind.

wie überleben?
wie die Geschichten überleben und die Lehren
aus der Geschichte?
wie die schwarzen Zähne überleben
gezogen und verfault?
wie Abreise und Heimkehr überleben
und deren Wiederholbarkeit?
wie die Himmelangst überleben, im letzten
Augenblick und kurz vor Toresschluß
aus Müdigkeit einfach zu bleiben?
wie überleben?

Meine Frist ist abgelaufen. Ich rede nicht von einem öffentlichen Ultimatum, sondern von der Frist, die ich mir selber zugestanden habe. Der Tag ist gegangen, die Nacht ist vergangen. Auf den Wanderungen durch meine Wohnung gerate ich vor den Spiegel und jage mir Pläne durch den Kopf und werde von Einfällen herumgetrieben und verliere alles wieder aus den Augen. Ja, ich sollte mich hinlegen. Ausgeschlafen sein ist vielleicht nützlicher, als Vorbereitungen zu treffen. Es muß die Neugierde sein, die mich daran hindert abzureisen, dieselbe Neugierde, die mich heute nacht nicht schlafen ließ. Die Verblüffung möchte ich sehen, wenn sie auf meine Hürden, Barrieren und Hindernisse stoßen, wenn sie mit zierlichen Feuerwehrbeilen blinde, Rupfen und Häcksel spuckende Löcher ins Mobiliar schlagen.

Meine Vorbereitungen sprechen mich schuldig, werden sie behaupten. Und wenn schon. Die Straßenkehrer marschieren auf. Ihre grellen Schutz- und Wetterlätzchen irrlichtern am Haus entlang, und ich bin hundemüde und lasse mich lang hinfallen und bin unbelehrbar und wehre mich gegen meine Einbildungen und bleibe doch dabei, daß es ein schwerer Fehler ist, ausgerechnet jetzt schlafen zu gehen.

Hart. Fordernd. Azurblau. Solenn.
Nur leider kein Poem von Benn

Lioba Happel
Perdu

(für Lisa)

Sie hält den Mund vor Freunden über die Affaire
Doch wer sie kennt der weiß sie brennt
Hellauf und lebenslang will er sie nehmen

Kommt ihre Zeit so wird sie scharf vom Augenblick
Der sie verschont. Sie lächelt hell sie sehnt sich wirbt
Hat jetzt verloren frißt ihr aus der Hand und stirbt

Reinhard Kaiser

Die Lupe

Die Passarges zogen zu uns, als das Haus nach dem Krieg wieder aufgebaut war. In den zweiten Stock, zur Miete. Dort gingen sie über unseren Köpfen umher – Vater, Mutter, Tochter – und genossen obendrein die Vorteile des einzigen Balkons am ganzen Haus. Ich hatte zwar einen Garten voller Gelegenheiten und Geheimnisse, ein Gelände, das gegen die Nachbargrundstücke und die Gasse an seinem Ende mit hohen Mauern befestigt war. Trotzdem beneidete ich Inge Passarge um den Balkon mit der dunkelbraun gestrichenen, hölzernen Ballustrade, von dem sie wie von der Kommandobrücke eines Schiffes über den Garten und ins Weite sehen konnte. Wenn sie mich von dort oben entdeckte und nichts anderes zu tun hatte, kam sie manchmal herunter. Sie war älter als ich, vier Jahre älter, schon elf. Aber dieser Unterschied fiel nicht ins Gewicht, wenn Inge mich in meinem Garten besuchte. Dort kannte ich mich allemal besser aus als sie. Und außerdem hatte sie von vielem wenig Ahnung. Von manchem wußte sie gar nichts und ich jedenfalls mehr als sie. Sie ging schon aufs Gymnasium und wollte mir trotzdem nicht glauben, daß man ohne Streichhölzer Ameisen anzünden kann.

»Jetzt spinnst du!« sagte sie.

»Mit Sonnenschein!« beteuerte ich. »Du wirst sehen!«

Ich ging ins Haus zu meinem Vater und bat mir die Lupe aus, durch die er mich gelegentlich in sein Briefmarkenalbum sehen ließ. Er saß am großen Tisch in seinem Atelier über einem Aquarell, neben sich zwei Farbkästen mit vielen Reihen kleiner eckiger Näpfe und ein Wasserglas zum Ausspülen der unterschiedlich breiten Pinsel, mit denen er abwechselnd arbeitete. Ich wußte, in welcher Schublade er die Lupe aufbewahrte. Aber ich mußte warten, bis er mit besonders wäßrigem Pinsel ein weites Feld in hellem Blau angelegt hatte. Selberkramen war in seinen Schränken nicht erlaubt.

Die Lupe hatte sich schon einige Male als nützlich erwiesen. Durch sie hatte ich mit eigenen Augen bestätigt gefunden, was ich meinem Vater nicht hatte glauben wollen: daß die »Germania« auf den alten deutschen Marken tatsächlich eine Frau war. Sie steckte in einer eisernen Rüstung, trug die Kaiserkrone Karls des Großen auf dem Kopf (die ich aus dem Zigarettenbilder-Album *Die Großen der Weltgeschichte* genau kannte) und sah trotz des langen Lockenhaars nicht wie eine Frau aus, sondern wie ein junger Sieger. Aber zwei Wölbungen, zwei flache, spitz zulaufende Kegel auf dem Brustpanzer waren unter der Lupe deutlich zu erkennen und ließen keinen Zweifel, welchen Geschlechts das leibhaftige Deutsche Reich war.

Mit der Lupe meines Vaters hatte ich auch herauszufinden versucht, was an »Adolf dem Fiesen« zu ein Pfennig in schwarz, zu drei Pfennig in braun, zu sechs Pfennig in lila, zu zwölf Pfennig in rot (und so weiter, die Farbpalette hinauf und hinunter – nur Gelb fehlte) – was an diesem Gerücht von einem Bösewicht denn nun so besonders widerwärtig gewesen war. Es mußte der Schnäuz sein.

Solange ich mir auf dem Rückweg in den Garten die Lupe mit angewinkeltem Arm halbnah vors Auge hielt, verschwammen der Hausflur und die offene Tür zum Hof hinter dem gewölbten Glas. Doch sobald ich den Arm ausstreckte, zeigten sich im kreisrunden Lupenausschnitt klare, wenn auch kleine Bilder. Inge auf dem Kopf stehend vor der Schaukel, deren Seile aus einer über dem blauen Himmelsboden schwebenden Teppichstange straff in die Höhe wuchsen. Vor ihr, ebenfalls auf dem Kopf, saß mein Freund Lorenz. Er wohnte im Haus nebenan und mußte über die Gartenmauer gekommen sein, während ich die Lupe geholt hatte. Es gab da einen bequemen Übergang, einen Birnbaum mit Ästen, stark wie Leitersprossen auf unserer Seite, und ein paar tief ausgehöhlte Fugen zwischen den Mauersteinen auf seiner Seite, die als Tritte dienten.

Es kam darauf an, die Lupe so in die Bahn des Sonnenlichts zu halten, daß der hindurchfallende Strahl nicht verkantete. Außerdem mußte der richtige Abstand gefunden werden, jene Entfernung zum Boden, in der sich der helle, eiförmige Lichtfleck zum Glutpunkt verdichtete. Dieser Glutpunkt, das konzentrierte Abbild der Sonne, konnte sich dann in Bewegung setzen, hierhin oder dorthin streifen und Opfer suchen. Die waren rasch gefunden. Überall krochen sie herum, auch in der Nähe des Sandkastens, rotbraun und feingliedrig, und sie bissen, wenn man sich ungeschickt anstellte. Durch die Lupe konnte ich sie auf ihren Wegen beobachten, ohne daß sie es bemerkten. Ich konnte ihnen beim Marschieren und Stöbern, beim Räumen und Schleppen zusehen. Sobald ich aber die Sonne selbst durch die Lupe sehen ließ, bemerkten sie es sofort, falls sie noch die Zeit hatten, etwas zu bemerken. Ein kaum hörbares Knistern, eine winzige Rauchfahne, und schon waren sie verglüht. Zurück blieb ein verkohltes, verkrümmtes, geschrumpftes Etwas.

Inge sah mir gespannt zu.

»Da ist noch eine!« sagte sie. »Und da! Und da …«

Aber nach dem sechsten oder siebenten Knistern zielte ich mit dem Glutpunkt plötzlich nicht mehr nach der nächsten Ameise, auf die Inge deutete, sondern auf den Finger, mit dem sie es tat.

»Laß den Quatsch! Das tut weh!« schimpfte sie. Dabei hatte ich sie gar nicht getroffen.

»Stell dich nicht an!« sagte ich und hielt mir zum Beweis meiner Unerschrockenheit die Lupe über den eigenen Unterarm.

Aber noch bevor ich den hellen Fleck auf seinen kleinsten Umfang hatte schrumpfen lassen, begannen einige Härchen auf meiner Haut zu rauchen, und mit dem Schmerz verbreitete sich zugleich auch jener durchdringende, widerwärtige Geruch, der in der Metzgerei von Lorenz' Vater nebenan aufkam, wenn dort an einer Schweinehälfte mit einer Art Lötlampe die letzten Borsten abgeflämmt wurden. Verbrannte Fingernägel rochen genauso. Plötzlich kam ich mir selbst vor wie so ein halbes, abgeflämmtes Schwein, und Inge lachte mich aus, weil sie mir meinen Schreck über den stinkenden Rauch, den Schmerz und das Schweinsein ansah.

Lorenz war zum Komposthaufen neben dem immer verschlossenen Eingang des alten Luftschutzbunkers am Ende des Gartens hinübergegangen. Nun kam er mit siegesbewußter Miene zurück. Es sah aus, als trüge er die eigene Hand vor sich her, eine hohle Hand. Ich ahnte, was darin war. Inge ahnte nichts. Sie stieß einen Schrei aus, als Lorenz ihr den Regenwurm unter die Nase hielt, der nicht einmal besonders lang oder besonders dick war. Lorenz ließ ihn zwischen uns auf den Boden fallen und sagte: »Gib mal.«

Doch ich wollte die Lupe nicht hergeben. Ich wollte es selbst tun, auch wenn der Wurm Lorenz' Wurm war.

»Du hast sie nun schon die ganze Zeit gehabt!«

Ich schüttelte den Kopf. Lieber sollte sich der Wurm unbehelligt verkriechen, als daß ich Lorenz die Lupe und die Schau überließ. Zu dritt hockten wir da und beobachteten, wie der Wurm versuchte, sich in die Tiefe zu bohren, wie er sich im trockenen Staub neben dem Sandkasten lang und immer länger machte, wie er das Weite suchte und nicht fand. Bald sah er nicht mehr glitschig und glänzend aus, wie am Anfang, sondern rundherum paniert.

Wurmlang und glitschig ringelte sich irgendwo hinter uns auch das schlechte Gewissen. Aber wir sahen nicht hinter uns. Wir durften den Regenwurm nicht aus den Augen lassen. Schließlich brachte ich zögernd die Lupe in Stellung und hätte sie Lorenz nun gern überlassen, wenn er noch einmal versucht hätte, sich ihrer zu bemächtigen. Lorenz jedoch kauerte neben mir und sah zu. Wichtiger, als daß er es tat, war ihm jetzt anscheinend, daß es überhaupt geschah. Wahrscheinlich war es ihm inzwischen sogar lieber, nur zuzusehen. Er ging öfter zur Beichte als ich. Seine Eltern schickten ihn regelmäßig, jeden zweiten oder dritten Samstag. Und weil er Missionar werden wollte, beichtete er wohl auch gewissenhafter als ich und mehr im einzelnen. Vielleicht war ihm eingefallen, daß er, wenn er hier selbst Hand anlegte, bei der nächsten Beichte die Sprache auf Wurm- und Lupenfrevel würde bringen müssen. Mich indessen plagten solche Befürchtungen nicht. Ich verstand mich aufs Bemänteln, auch beim Beichten. In meinen Bekenntnissen kamen Einzelheiten nicht vor. Bald nachdem ich zum erstenmal zur Beichte gegangen war, hatte ich mir angewöhnt, hinter Formeln, Andeutungen, Gemeinplätzen in Deckung zu bleiben, beschränkte mich auf ein paar immergleiche Selbstbezichtigungen, die ich auch dann vorbrachte, wenn sie gar nicht zutrafen, nur damit ich etwas halbwegs Unverfängliches zu sagen hatte: mit Freunden gestritten, ihnen Schimpfwörter gesagt, meine Großmutter geärgert, ungehorsam gegen die Eltern, unaufmerksam in der Schule gewesen – und kein Kaplan hatte mich, während ich im Beichtstuhl kniete und schmale Wahrheiten von mir gab, je nach Erläuterungen gefragt. Sonderbarerweise fühlte ich mich nach vier *Vaterunsern* und vier *Gegrüßet seist du Maria* trotzdem wie frisch gebadet und ehrenvoll entlassen.

Der Wurm zuckte, als der Hitzepunkt seinen Leib traf. Er bäumte sich auf. Er ringelte und wälzte sich so wild, wie es sonst gar nicht die Art von Regenwürmern ist. Ich erschrak.

»Georg, der Drachentöter!« lachte Lorenz übertrieben laut und war doch selbst erschrocken.

»Der arme Wurm«, murmelte Inge.

Anfassen mochte sie ihn trotzdem nicht. Soweit reichte das Mitleid nicht. Und die Ameisen vorhin hatte sie selbst eine nach der anderen zur Verbrennung ausgesucht. Ich ließ die Lupe sinken und nahm den versehrten, versengten, erschlafften, vielleicht schon toten, vielleicht noch lebenden, über und über mit Sandkörnern beklebten Wurm zwischen zwei Finger und schleuderte ihn über die Gartenmauer, nicht nach der Seite, auf der Lorenz wohnte, sondern nach der anderen, wo die Glücks wohnten, zwei alte Leute ohne Kinder, die den Garten ihrem Hund, einem unberechenbaren Boxer namens Fritz, überlassen hatten. Dorthin flog der Wurm, uns aus den Augen, aus dem Sinn. Sollte sich Fritz um ihn kümmern. Im übrigen waren Würmer so gut wie unsterblich.

»Wenn man einen Wurm mit dem Spaten zerhackt«, verkündete ich, »leben die beiden Hälften um so länger.«

»Optimist!« erwiderte Inge.

Sie war vier Jahre älter als ich und kannte Wörter, von denen ich nichts wußte. Sie stand auf und ging davon, als wollte sie nichts mehr mit mir zu tun haben und nie mehr von ihrem Balkon zu mir herunterkommen.

»Und nicht vergessen...«, rief mir Lorenz von der Höhe der Gartenmauer zu, bevor er nach der anderen Seite hinuntersprang: »Hitler lebt – und zwar in Japan!« Es war seine Lieblingsthese, seine Parole. Es machte ihm nichts aus, wenn ihm niemand glaubte und er mit seinem Wahlspruch nur Kopfschütteln erntete. Er glaubte an das, was er sagte. Er glaubte so fest daran, wie er entschlossen war, Missionar zu werden. Lorenz war keiner von denen, die sich mit verstiegenen, erfundenen, aus der Luft gegriffenen Behauptungen interessant zu machen versuchten.

Nicht jeder wilde Wörterstrauß
Ist ein Poem vom Hensel Klaus

Guntram Vesper
Die Krankheit, zu schreiben

Eine Erinnerung

Es ist genau 30 Jahre her, daß ich Hans Bender kennenlernte. Seine frühen Bücher *Wölfe und Tauben*, *Wunschkost* hatte ich schon vorher gelesen. Und auch die *Akzente* waren mir vertraut. Das erste Heft, das mir in die Hände fiel, als Probeexemplar des Verlages, enthielt Ingeborg Bachmanns Gedicht auf das Café de la paix in Paris. Dort, in jenem Café in der Nähe der Großen Oper, habe ich im Februar 1963, 21 Jahre alt, mit Joseph Breitbach gesessen, nachdem er mir nach der morgendlich frühen Begrüßung auf der Gare de l'Est die erste Weltstadt meines Lebens gezeigt und mich durch die Reste der engen alten Viertel Balzacs geführt hatte. Auf allen Boulevards, an allen Seinebrücken Polizisten mit Maschinenpistolen, der Algerienkrieg war zu Ende, und die OAS drohte mit Bombenanschlägen im Mutterland.

Breitbach hatte gerade den Roman *Bericht über Bruno* veröffentlicht. Seine wunderbare Wohnung am Pantheon. Bücher über Bücher. Die Bilder von Braque und Picasso, die Skulpturen von Rodin und Maillol. Unser Streit am ersten Abend. Ausbrüche, die ich nicht verstand, nicht verstehen wollte. Meine vorzeitige Abreise nächsten Mittag. Den siebenbändigen Stifter, das Begrüßungsgeschenk des Gastgebers, ließ ich zurück. Als Postpaket kam mir die grüne Dünndruckausgabe des Inselverlages Monate später nach. Den *Nachsommer* las ich als erstes, auf den Bahnfahrten ins Wochenende.

Damals lebte ich nach dem Zwischenspiel eines Gießener Germanistiksemesters schon in Göttingen. Ich schnitt die Adresse der Stiftersendung aus dem festen Packpapier und legte sie in den ersten Band. Zur Erinnerung. Das war in der Dachkammer im Göttinger Vorort Grone, in der Garbenstraße. 80 Mark Miete im Monat, Klo über dem Hof. Nachttopf, für alle Fälle. Den die Hausfrau leerte. Dazu Ofenheizung. Mit Aschenkasten. Den ebenfalls die Hausfrau leerte.

Mein Nachbar im Dachgeschoß hieß Hans-Jürgen Krahl. Wurde später im SDS berühmt und drang in manchen Nächten gegen drei bei mir ein und setzte sich auf die Bettkante, süchtig nach Unterhaltung, mit glitzerndem Glasauge. Ein Stockwerk tiefer der Hausbesitzer. Er war Desinfektor und hatte nach einer Krebsoperation keinen richtigen Magen mehr. Ich borgte mir heimlich den hinteren Teil seines Namens aus, als ich für eine Handvoll Geschichten eine Hauptfigur brauchte. Ansonsten beschäftigte ich mich in Gedanken mehr mit der verheirateten Tochter, die mit Mann und Kindern im Erdgeschoß wohnte und an heißen Tagen im Badeanzug auf einer Decke im Garten lag.

Wie der Tag verging. Halb sieben jeden Morgen stand ich auf. Schnelles Waschen unter dem Wasserhahn im Flur. Pulverkaffee. Mit dem Bus ins Zentrum. Dann die vormittägliche Rundwanderung durch die Innenstadt, von Vorlesung zu Vorlesung. Nachmittags saß ich bei Cron und Lanz in der Weender Straße oder im stilleren Fünfzigerjahrecafé um die Ecke. Stundenlang hielt ich bei einer Tasse Kaffee aus und schrieb. Wenn ich abends nach Grone kam, lag die Post schon auf meinem Tisch, den ich unter das kleine Dachfenster geschoben hatte. Erwartung, mit der man über Jahre und Jahrzehnte die Briefe aufreißt.

Wichtig auch die Büchersendungen. Fritz Eggert in Stuttgart und das Antiquariat Amelang in Frankfurt, bei denen ich aus Katalogen bestellte, seit ich 18 war. Nicht immer behielt ich den Überblick, bezahlte ich die Rechnungen. Dann gab es Zahlungsbefehle. Meist an die Adresse der Eltern in Reiskirchen bei Gießen. Irgendwann löste Mutter mich aus. Sie verlangte Offenlegung sämtlicher Schulden. Während ich die Liste machte, kam ich mir wie ein Spieler nach großen Verlusten vor. Aber das Schuldbewußtsein war nichts gegen die zitternde Spannung beim Auspacken immer neuer, immer anderer Bücher.

Am größten war der Kitzel, als nach zehn Monaten Grone ein Päckchen aus Stierstadt am Taunusrand kam. VauO Stomps, der Verleger der *Eremitenpresse*, schickte mir als Honorar zehn oder 15 Exemplare von *Fahrplan*, meinem ersten Gedichtband. 150er Auflage, Handsatz, mit Originalgrafik von Bernd Otto Wallmann. Nie habe ich erfahren, wer Wallmann war, wo er lebte. Ladenpreis des Buches zwölf Mark.

Die Veröffentlichung brachte mir den einzigen Besuch aus der Stadt ein, den ich in der Garbenstraße jemals bekam. Der Besucher war Christoph v. Derschau. Zwei Jahre älter als ich, wohnte er damals mit seiner kriegsverwitweten Mutter und einer resoluten Großmutter im Ostviertel, der besten Göttinger Gegend. Der Großvater war preußischer General gewesen. Derschau leitete die Galerie der Studentenkneipe *Centre* im Rosdorfer Weg, deren Name von den Eingeweihten und Zugelassenen nicht à la Français, sondern aus unerforschlichen Gründen als Kenter ausgesprochen wurde. Die Galerie war im Eisenbahnerviertel untergekommen, in einem langgestreckten Ziegelschuppen auf dem Hinterhof einer Gastwirtschaft. Schriftstellerlesungen, Ausstellungen ab 1962. Der erste Versuch, die neue, die andere Kunst in die kulturelle Windstille der Nachkriegsprovinz zu bringen.

Derschau lud mich ins Kenter ein, Günter Bruno Fuchs stünde auf dem Programm. Freilich sei bei jemandem wie ihm immer ungewiß, ob er komme. Fuchs kam tatsächlich, ließ sich gutgelaunt auf einem Sofa in der hintersten Ecke des schlauchartigen halbdunklen Raumes nieder und trank und trank, bis er, bevor Derschau den Abend eröffnen konnte, berauscht in Tiefschlaf gefallen war. Einer der Zuhörer sprang ein und las aus den Büchern des anwesend Verhinderten. Dabei schien es von Zeit zu Zeit, als käme Fuchs wieder zu sich, er gestikulierte mühsam und brabbelte laut dazwischen, so ein Unsinn, Quatsch, halt's Maul, dann sackte er erneut und noch überwältigter in sich zusammen.

Jahre später, als das Kenter sich erst politisierte und anschließend zur Haschhöhle wurde und endlich einging, verließ Christoph v. Derschau Göttingen und zog über Saarbrücken nach Hamburg. Tastendes Probieren: Rundfunk, Fernsehen. Eine Krankheit brachte ihn für viele Monate nach Wintermoor vor den Toren der Hansestadt. Wiederhergestellt, verdiente er bis vor kurzem als Archivar beim *stern* sein Geld. Daneben immer das Schreiben, Vorlesen, Diskutieren. Jetzt, mit Mitte 50, leistet er sich den Luxus und läßt die Anstellung, das feste Gehalt, hinter sich. Nur noch die Grenze ausmessen, jenseits derer Literatur vom Gewohnten wieder zur Unerhörtheit wird, werden kann.

Vergangenen Januar kam ich auf einer meiner nächtlichen Radtouren kurz vor zwölf durch den Rosdorfer Weg und die Eisenbahnstraße, klare Luft, das Thermometer knapp über Null, in der Stille und Dunkelheit des Göttinger Stadtrands sah ich zwischen zwei Häusern schemenhaft das mürbe Dach des lange vergessenen Kenter, unter dem einmal VauO Stomps, Fuchs, Mühlenhaupt, F. C. Delius, Ulf Miehe, Volker v. Törne, Peter Hamm, Franz Mon, Jakov Lind, Christoph Meckel, Jürgen Becker, Helmut Heißenbüttel, Hubert Fichte, H. C. Artmann, Peter O. Chotjewitz, Peter Rühmkorf, Herburger, Wolfgang Graetz, Oswald Wiener, Gerhard Rühm, Beuys und Schuldt zu hören waren und unter dessen Schutz auch ich die Gedichte aus *Fahrplan* vorstellen durfte. Nach 30 Jahren noch am gleichen Ort. Hätte mir das seinerzeit jemand gesagt, ich wäre heftig erschrocken.

Wahrscheinlich habe ich in meiner Groner Zeit Gedichte an die Redaktion der *Akzente* geschickt, wahrscheinlich hat mir Hans Bender geantwortet. Was für eine Mühe er sich gab, auf meine jüngsten Gedichte einzugehen. Den Faden nicht abreißen lassen. Aber auch nicht lügen. Einmal sagte er sich in Göttingen an, aus Anlaß einer Lesung im Kenter. er wollte auch Heinz Ludwig Arnold besuchen: Holen Sie mich noch zu einem Spaziergang in der Keplerstraße ab.

Als ich zu Arnold in die Kellerwohnung kam, warteten dort auch, wenn ich mich recht erinnere, Wolf Wondratschek, Lothar Baier und Michael Schulte. Redaktionskonferenz. *Text und Kritik* war im Jahr zuvor angelaufen.

Was ich noch genau weiß: Hans Bender wiegte sich in einem Schaukelstuhl, das hochgesetzte winzige Fenster im Rücken. Seine angenehme Stimme. Er nahm seinen Mantel. Wir stiegen zum Gehweg hinauf, überquerten die Keplerstraße und waren schon im Park zwischen Rosengarten, Schwänchenteich und Badehaus. Von dort über den Wall zum Bartholomäusfriedhof, über den ich gerade ein Gedicht geschrieben hatte.

Langsamer Schritt. Am Denkmal für Bürger, an Lichtenbergs Grab vorbei. Das Knirschen von Kies unter unseren Sohlen. Hans Bender fragte mich nach meinem Geburtsort, nach meiner Familie, wann aus Frohburg weg und wo im Westen zur Schule gegangen. Friedberg, Internat, aha. Dort wohnt doch Fritz Usinger, kennen Sie ihn? Vom Sehen, ja. Das Schülerheim lag in der Burg. Dort hatte auch Usinger seine Wohnung, manchmal kam er am Tor vorbei. Wahrscheinlich der erste Schriftsteller, den ich mit Bewußtsein sah.

Bender erzählte von der eigenen Kindheit zwischen den Kriegen. Von der Gastwirtschaft in Baden war die Rede, in der er aufgewachsen war, vom älteren Bruder, der ihm näherkam, bevor er an der Ostfront fiel. Später, viel später las ich davon in Benders schöner Erzählung *Bruderherz*.

Am Ende kamen wir auf die Bedingungen des Schreibens und auf das Schreiben selber zu sprechen. Daß die Phantasie für den Berufsschriftsteller ein Leben lang vorhalten muß. Wer kann in dieser Beziehung sicher sein. Und dann: Ein Architekt entwirft ein Haus, wenn es dem Auftraggeber nicht gefällt, wird der Entwurf geändert, in der Woche darauf entsteht schon ein anderer Plan, für einen neuen Kunden. Aber ein Roman, in dem zwei Jahre Arbeit stecken, fesselt den Verfasser. Was hat sich beispielsweise Alfred Andersch nach dem Erscheinen von *Die Rote* nicht alles anhören müssen: Kitsch, Lüge, Aggressivität, fressender Ehrgeiz. Zu dieser Selbstauslieferung, sagte Bender, kommt noch der unerfreuliche finanzielle Aspekt. Denn für die übergroße Mehrheit ist das hauptberufliche Schreiben wie eine Irrfahrt durch eine Wüste, in der Wasserstellen mehr als knapp sind. Sie können sich die versteckten Tragödien alter Schriftsteller nicht vorstellen.

Hörte ich zu, nahm ich die Warnungen auf. Wahrscheinlich nicht. Wenn aber doch, dann drang nichts tiefer. Ich war besessen vom Schreiben. Wie gehetzt. Papier, Bleistift, Tischplatte. Mehr wollte ich nicht. Das aber unbedingt. Alles andere war mir egal. Anerkennung, Gedrucktwerden, Geld, gut und schön, aber nicht wichtig, ich wollte nur schreiben. Bender wußte das. Er kannte die Krankheit.

Lioba Happel
Die Schneekönigin

Ein Mann hat seine Frau mit bloßen Händen erwürgt, weil sie es auf die Spitze trieb und im erhabensten Moment seines Liebesvermögens in erschütternde Lachsalven explodierte. Kataraktabwärts gings, und dann, längst nur noch scheinbar an seiner Angel, äugte sie ihn an, spottfischig, aus nicht enden wollendem Gelächter.

Der Mann sah auf seine bislang in jeder Hinsicht zurückhaltenden, jetzt aber heftig erwachten Hände und wartete eine Weile, ob seine Frau aufhörte, ob der Schrekken hinweggeschlagen werde und die Nacht wieder überschaubare Maße annehmen könne.

Mitnichten! Sie lachte ein Lachen, als gurgle sie mit Säure, und mit dem Ruck des Digitalzeigers auf Nach-Mitternacht schoß ihm die Erkenntnis in den Kopf, daß sie in diesem Moment all die Jahre seiner Liebesgeduld, mit der ihm das roséfarbene Schlafzimmer im Schein der Nachttischlampe tapeziert schien, heruntergerissen, zusammengeknüllt und hinabgeschlungen hatte.

Diese Frau hatte einen Splitter ins Auge bekommen, als sie eines Sonntags im Frühsommer mit ihrem Mann einen Ausflug ins Mittelgebirge unternommen hatte, wo sie zwei Stunden durch den Wald gelaufen und gegen Mittag in einer Ausflugsgaststätte eingekehrt waren, die bessere Zeiten durchaus noch erkennen ließ: an den silberblau palettierten Säulen, die den Speisesaal unterteilten; an den einmal teuer gewesenen blaßroten Chintzvorhängen; an den Kristallüstern; an den vergoldeten Garderobenständern.

Der Raum, beinahe unübersichtlich in seiner epochebedingten Bauart, war zur Überraschung der beiden Eintretenden Tisch für Tisch besetzt mit Paaren: überwiegend älteren Ehepaaren, aber es waren auch Söhne und Töchter darunter, die ihre Mütter zum Essen ausgeführt hatten, denn es war Muttertag.

Die Frau entdeckte, als sie den übervollen Speisesaal mit den Augen nach leeren Plätzen absuchte, einen Tisch am Fenster, der gerade jetzt frei wurde. Sie saßen sich dort gegenüber und konnten doch ihren Blick nach draußen, über ein weitgeschwungenes Tal schweifen lassen, dessen obere Ränder von eifrig maigrünem Waldbestand markiert waren.

Die Frau mochte ihren Blick von dieser offensichtlichen, im hellen Mittagslicht zur Schau gestellten Landschaft nicht mehr wenden, und sie durfte lange bei diesem Bild verweilen, denn der servile Ober hatte alle Hände voll zu tun, bis er ihr auch nur die bestellte Schorle brachte, nebst Bier für den Mann.

Es geschah, als die Suppe kam, daß an einem, weiter im Raumesinneren frei gewordenen Tisch ein Paar Platz nahm, das die Vierzig noch nicht überschritten hatte. Hand in Hand waren sie mit aufgeregtem Gelächter durch die Schwingtür hereingeweht und hatten die Frau, die bald von ihrem Mann erwürgt werden sollte, gezwungen, ihre Aufmerksamkeit von der Landschaft ab und unverzüglich den zwei frisch Verliebten zuzuwenden.

Es waren Störenfriede, alle beide, wie sie sich da hereintreiben ließen in diesen Saal der kultivierten Unzugänglichkeit, und um so frecher wirkten sie, als sie vom Alter her und nach Art ihrer Kleidung unbedingt sich hätten einordnen müssen in die gesetzlich geregelte Abgeklärtheit des beginnenden Alters, eine allgemeine Übereinkunft, die, wer weiß, vorm Zerfall eher als vor der Freiheit rettet.

Das Furchtbare an den beiden aber, so kam es jedenfalls der bald Ermordeten vor, war, daß eine lautstarke Augensprache von ihnen ausging, die auszuposaunen schien, sie allein hätten in ihren verschwiegenen Stunden das Geheimnis der Anarchie entdeckt; sie allein wüßten, wie die Welt aus den Angeln zu heben und regellos zu machen sei. Alles an ihnen schien blind zu sein für die Warnung, die ihnen von den anderen Paaren im Speiseraum entgegenschlug: daß, wenn sie sich weiter so in ihrem Glück gehenließen, auch sie in absehbarer Zeit hier säßen und die Erinnerung an die ehemalige Ausgelassenheit in ihren Herzen gelöscht wäre.

Nachdem sie ihre Bestellung aufgegeben hatten, benahm sich der Mann auf Kavaliersart tüchtig in der Rückgabe der Speisekarte, wandte sich seiner Mitverschwörerin aufmerksam zu, überhaupt war schlagartig etwas Angestaubtes in seinem Verhalten, etwas Gestriges, was nur darauf wartete, von der Frau bemerkt und als störend korrigiert zu werden, die sich fürs erste aber noch zurückhielt. Denn jetzt beugte sich ihr Kavalier übern Tisch und flüsterte ihr etwas zu. Sie glaubte wohl, sich verhört zu haben, riß die Augen auf, warf eine nach vorn gefallene Locke zurück, ließ sich das eben Gesagte mit erneut hingehaltenem Ohr wiederholen, öffnete dabei den Mund zu einem überraschten, lautlosen Lachen, hielt ihn mit einer plötzlich in die Lippen gezogenen Anstrengung offen und – schloß ihn nicht wieder. Wie betäubt von einem in sie hineingeschleuderten Scherz, saß sie und konnte nicht mehr weiterkommen in ihrem lautlosen Gelächter, weder hinaus noch zurück. Der Mann nickte ihr akkurat und bedeutungsvoll zu, stand auf und ging zur Toilette; die Frau saß da, aufgeplustert, im lautlosesten Gelächter, das die vom Fenster her Beobachtende je gesehen hatte. Fest sitzt sie, dachte die Beobachterin, das Lachen bringt sie nicht mehr aus ihrem Gesicht, wie eine Unerlösbare sieht sie aus, tut aber so, als sei sie glücklich geworden in ihren aufgerissenen Augen, vor vorzüglichem Vergnügen, das der Mann ihr geschenkt hat!

Die Frau, die bald tot sein würde, sah hilflos zum Fenster hinaus und wieder zurück. Noch immer formte jene ihren kreisroten Mund. »Sie will ihn nicht mehr zukriegen!« fauchte die bald Ermordete ihrem Mann zu. Der aber rieb sich die Hände in Unschuld, als freue er sich nach der Supe auf das bestellte Hühnchen und war weder bei sich noch bei seiner Frau. »Sie will wirklich und wahrhaftig nicht mehr aufhören mit ihrem Glücksdünkel!« schrie die jetzt wütend Gewordene ihm in sein, von wegen verdutztes! in sein sofort in die Maske der Geduld hineinfallendes Gesicht.

Am Tisch in der Mitte, die Frau, drohte in der Lautlosigkeit ihres aufgespannten Gelächters zu einer Salzsäule zu erstarren. Die Frau, die bald tot sein würde, rieb sich die Augen: Die drüben sah doch wahrhaftig aus wie eine dumme Gans!

Ahnungslos, von den Toiletten her, kam jetzt deren Freund zurück, und aufgetragen wurde die Suppe. Die Frau, die bald tot sein würde, biß sich auf die Unterlippe. Der Mann begann zu essen und warf dabei so heftig verliebte Augen auf seine Geliebte, daß er den Teller, ohne es zu merken, viel zu nahe an sich herangezogen hatte und, mit der schwappenden Suppe unter seinem überhängenden Bauch, gefährdet schien, sich als Liebhaber lächerlich auszunehmen. Die drüben, seltsam irritiert mit einem Mal, aber noch immer in ihr Lachen verhext, senkte den Kopf. Die herüben, ein Tier auf dem Sprung, atmete heftig. Die drüben tauchte den Löffel in die Suppe, hob ihn, wollte ihn zum Mund führen, ließ ihn in den Teller zurücksinken und geöffneten Munds, wahrhaftig noch immer geöffneten Munds!, griff sie übern Tisch, zog den Teller ein Stück von ihm weg, strich ihm wieselflink über die verdutzt im Essen innehaltende Hand und ließ, offenbar endlich mit sich im Reinen, ihren Mund zuschnappen.

Es war in diesem Moment, daß es im Kopf der Frau, die bald ermordet sein würde, einen scharfen Laut gab, und unverzüglich und sofort wußte sie, daß ihr eben das Herz zu Eis geworden war.

Sie sah aus dem Fenster und befand, der See in der Mulde benehme sich erschreckend lächerlich in seiner Anstrengung, ein Bild der Schönheit abzugeben. Überhitzt fand sie ihn in seiner Bemühung, Licht zu spiegeln. Gespreizt in seinem Versuch, Wellen zu kräuseln. Überhaupt schlug ihr die Harmonie des Gesamtbildes auf die Ohren, und das Zusammenspiel von See und Wald ging ihr als dummdreistes Kalkül gegen den Strich.

Und sie wandte nervös den Kopf, sah scharf auf ihren Mann und befand, der Herr ihr gegenüber dürfe getrost von einem genüßlich kauenden Gott grad so mit Messer und Gabel verspeist werden, wie das mittlerweile aufgetragene Hühnchen von ihm. Und sie blickte hinab auf ihre Hände und meinte, die seien ihr abgefallen und würden, wenn sie nur aufstünde, auf dem Tisch liegenbleiben und vom sehr servilen Ober auf die Essensreste geworfen und mit den Tellern abgetragen werden; und sie wandte sich dem Speisesaal zu, sah all die alten Frauen, wie sie in chromblitzenden Fahrzeugen herbeigekarrt worden waren, hierher, wo sie in der Verhaltenheit einer untergegangenen Noblesse auf die Idee kommen sollten, ihr Leben sei von einer geheimen, am heutigen Tag aufschimmernden Feierlichkeit bis an diesen Ort geführt worden, und sie befand, daß ihnen statt der freudig erwarteten Epiphanie des Sinns all ihrer Mutterliebe ein großes allgemeines Gelächter bevorstünde und jetzt, beinahe doch erschrokken über sich selbst, zog sie einen Laut der Qual durch die Zähne beim Anblick einer sehr alten Frau, die an ihrem Jubeltag von ihrer Tochter aus dem Altenheim befreit worden war und die so heftig heiße Kartoffeln in den Mund schob, so schnell, von einer so aussichtslosen Gier getrieben, daß ihr die viel zu große Baskenmütze, die die Tochter ihr wohl zu Weihnachten geschenkt hatte, bis über die Ohren ihres einsamen Gesichtes rutschte, was die alte Frau aber nicht weiter störte, solange sie nur den Essensberg vor sich abtragen konnte, ehe man ihr den Teller wegzog, und wie die Beobachtende sah, daß die Alte, endlich mit dem Essen fertig, jetzt tief verletzt auf ihren leeren Teller hinabstarrte, glomm zum letzten Mal ein Funke Mitleid wie ein heißer Schmerz in ihrem Herzen auf – und verlosch.

Draußen, das Bild vorm Fenster, war ununterscheidbar und also bedeutungslos geworden. Es sieht aus, dachte sie, als habe jemand eine himmelsgroße Schüssel schlecht geputzten Spinats ausgekippt.

Da wußte sie, daß sie der Schneekönigin in die Arme gelaufen war, die von der Jahreswende her schon auf sie wartete, um sie mit ihren Blicken zu entzücken und hineinzuführen in ihr kristallklares Schloß, aus dem die dumme Gerda, jetzt fiel ihr die Geschichte wieder ein, und jetzt verstand sie die Geschichte sofort, statt ihm zu folgen, ihren Kai herausgeholt hatte, damit sie sich ein genugsam gegen Erkenntnis gefeites, also lebbares Leben sichere.

Es war aber kein Märchengespinst, dem sie zu Jahresausgang in die Arme lief, sondern die realste aller Phantasien, der Tod. Sie sah ihn am schneehellen Silvestermorgen zähnebleckend beim Frühstück hinter ihrem Mann stehen und ihm mit langen Fingern Hasenohren machen und hielt ihn für ihre ureigenste, allerkomischste Erfindung. Wie lachte sie insgeheim über die Ahnungslosigkeit ihres Mannes! Dem wollte mit einem Mal sein Leberwurstbrot nicht mehr schmecken, er stand auf und ging in die Stadt, um Punsch-Zutaten für den Abend zu besorgen. Beim Hinausgehen tappte ihm, ohne sich noch einmal umzudrehn, der Tod hinterher, und sie wollte beinahe ersticken an ihrem Gelächter.

In ihrem Übermut stopfte sie schmutzige Wäsche ins Eisfach und mit der Rindsbrühe vom Vorabend wusch sie sich die Haare. Der Uhr an der Wand drehte sie den Zeiger zum Korkenzieher, seine Hosenbeine im Schrank verknotete sie zu baumelnden Stumpen. Mit den Frühstückstellern warf sie nach Spatzen im Garten, in ihr Spiegelbild schoß sie mit einer eigens gebastelten Zwille lustige Splitter. Als ihr Mann gegen Nachmittag zurückkam, fand er an sämtlichen Schuhen die Absätze abgesägt, und im Waschbecken lagen zwei lächelnde, fast unbekannte Gesichter, die im Hochzeitsbild auf der Kommode jetzt fehlten.

Ihr Mann seufzte, befand, daß es wohl wieder an der Zeit war, sie aus ihren Verstrickungen zu befreien und seiner Liebe zu versichern, und zog sich fürs erste ins Schlafzimmer zurück, um die Zeitung zu studieren.

Gegen halb acht aßen sie Aufschnitt, Käse und Rotebeetesalat. Um Viertel vor zehn begannen sie mit dem Punschtrinken. Kurz nach elf lag sie mit ihm im Bett und ließ sich entkleiden. Es dauerte nicht lange, und er registrierte erfreut jenes Beben, das ihr in den letzten Wochen in den Körper gekommen war.

Die Frau aber lag quer unter ihm und lachte lautlos über die Liebe, deren Vexierspiel sie bei jenem Ausflug im Mai durchschaut hatte und, bebend vor Wissen, sah sie ins schwarze Loch jener glücklichen dummen Gans, die sie in ihrer Erinnerung nicht mehr loswurde. Sie entsann sich noch, daß sie selbst schließlich das gesamte, bedauerliche Menü unangetastet hatte zurückgehen lassen und im Hinausdrängen eine Sechzigjährige, die an der Seite ihres Mannes zur Tür hereingekommen war, hinwegdragonerte, weil in deren Gesicht stand, daß sie eine lebenslang tüchtige Ehefrau gewesen war, die ihren Mann immer ordentlich gefüttert und angezogen, ihm die Söckchen gekauft, die Schuhe geputzt, die Schuppen vom Hemdkragen geschlagen hatte und also jetzt mit Recht den Dank der Welt, in Form des Beiseitetretens der Jüngeren erwartete.

Es war eine halbe Stunde vor Mitternacht, als draußen schon die ersten Knallsalven das Glückwünschen fürs neue Jahr probten, daß sie nicht mehr zurückhalten konnte mit ihrem schmerzhaft aufgestauten Gelächter, und während ihr Mann sich in ihr ergoß, lachte sie laut, häßlich und grell, deutete mit nacktem Zeigefinger auf den empfindlich Gestörten, und niemand konnte ihm ernsthaft verdenken, daß er, nachdem er über eine halbe Stunde vergeblich auf eine zurücknehmende Geste gewartet hatte, sie nach, wie er zu Protokoll gab: lebenslangem Verlachtwerden – am Hals packte und unter dem ohrenbetäubenden Lärm mitternächtlichen Neujahrsdonners mit großen, für die Liebe sinnlos gewordenen Händen erwürgte.

Nicht alles, was dem Moor entsproßte
Ward ein Poem des Fräulein Droste

Ulrich Holbein
Kritikerdebatte über eine Zitatcollage

Die Kritiker haben mich durchschaut: In meinen Schriften finden sich öfters mal ein paar Zitate, mit denen ich aber bloß ein literarisches Vakuum zuzudecken versuche. Zum Ausgleich durchschaue ich aber die Kritiker. Ich brauche nur die Ohren zu verstöpseln, schon weiß ich exakt, was jeder von ihnen zu dem folgenden Text sagen wird, der nun erst recht fast ausschließlich aus Zitaten besteht, Zitaten eben derselbigen Kritiker, die bis jetzt noch nicht ahnen, daß sie sich bereits heute kaum bremsen können, mich auch fürderhin zu durchschauen, ob sie wollen oder nicht – wobei ich niemandem einen Textbaustein reinlege in den Mund, den er nicht sowieso drinhätte, und dies wörtlich!

Wohl dem, der es schafft, hier nicht dabei zu sein und der hoffentlich nicht traurig sein wird, daß er nicht mitgeschleift wurde im kritischen Kehraus oder daß er den Kürzungen der Redaktion ersatzlos zum Opfer fiel! Und wohl dem, der in Wirklichkeit viel fundiertere und untypischere Klöpse von sich zu geben pflegt als ab sofort! Auf denn, nicht träge denn! Tretet an und preist und schmäht der Reihe nach drauflos, ein jeglicher nach seinem Gusto! Und wehe, wenn mein Masochismus nicht auf seine Kosten kommt und ich nicht zusammenknick' im Hagel der Blindgänger! Ich flehe um gesammelte Urteilskraft – es muß ja nicht gleich die von Hegel sein. Zumindest bitte ich um einen alle drei Minuten voll einschlagenden Zufallstreffer, mit und ohne Wahrheitskern! Vorhang auf!

WILFRIED SCHOELLER: Ich denke, alles was man jetzt sagt, ist sozusagen Bestandteil des Textes.

GUSTAV SEIBT: Alle gelungenen Formulierungen in diesem Text dürften sich als Zitate herausstellen –

RICHARD KIRN: – das kennt man von dem großen Wiener Moralisten Karl Kraus: Zitate können tödlich sein. Aus Zitaten, Zusammenfügen von Zitaten und dem, was der Autor hinzugetan hat, wird Prosadichtung.

NORBERT BOLZ: Denn citare heißt ja nicht nur zitieren, sondern auch vor Gericht laden – und in schnelle Bewegung setzen.

MAXIM BILLER: Er verspottet sie alle, die Leser, die Kritiker und wohl auch den eigenen Lektor.

ULRICH WEINZIERL: Seine Komik hat nichts Harmloses, aber hinter dem vermeintlich kannibalischen Humor steckt bloß der Sarkasmus des bösen, des entlarvenden Blicks.

FRITZ J. RADDATZ: Hohn alleine ist noch keine Kunst.

JÖRG DREWS: Die Stellen werden meist nur kurz angetippt, vom Polyhistorgehirn des Arrangeurs assoziiert und eingesetzt.

ULRICH GREINER: Ein Mosaik besteht aus Scherben, die zu einem Ganzen zusammengefügt sind. Ob das Ganze einheitlich oder stimmig sei, darüber befinden Gefühl und Geschmack. Die wiederum sind abhängig vom Geist der Zeit und vom historischen Augenblick.

HAJO STEINERT: – vieles auf einmal: Reportage, Anekdotenschatz, Porträtgalerie, Straßentheater, Jahrmarkt, Talentschuppen, Kulturgeschichte, ein *Who is who* pittoresker Persönlichkeiten.

LUDGER LÜTKEHAUS: Das alles ist immer kunstvoll, oft geistreich, manchmal witzig inszeniert –

JOACHIM KAISER: – eine geheimnisvolle Mischung aus Wortspiel und Weltspiel, –

GERT UEDING: So ist ein Stück Literatur entstanden, das in Bann schlägt, ein »Tanz in Ketten«, um Nietzsches Formulierung aufzugreifen, aber was für ein Tanz!

SIBYLLE CRAMER: Eine riesige Wirklichkeit wird ohne Verlust, ja gewinnreich verkleinert.

MARTIN LÜDKE: Wahrlich ein bescheidenes und zugleich großes Programm.

HEINRICH DETERING: Manche dieser Passagen sind unvergeßlich –

JOACHIM KAISER: Sie sind gelegentlich als platte Witzelei mißverstanden worden –

BEATRICE VON MATT: – fulminante szenische und figürliche Erfindungen –

WERNER ROSS: Indisch selbstversunken kniet er vor seinem Werk –

RENATE SCHOSTACK: Sein Fleiß ist immens, seine Technik brillant.

PETER DEMETZ: Er wirft uns ein in jedem Sinne starkes Stück vor die Füße, und wir müssen sehen, wie wir damit zurechtkommen –

IRIS RADISCH: Er klärt seine Leser auf, bis ihnen schwarz vor den Augen wird.

SIGRID LÖFFLER: – steht in jeder Hinsicht quer zur Zeit und ihren literarischen Moden.

MAXIM BILLER: Er ist ein Scharlatan und Clown, der Rasputin der deutschen Gegenwartsliteratur, ein ausgebufffter, angejahrter Ex-Avantgardist und Prosa-Experimentierer –

PETER WAPNEWSKI: Er ist ein Äquilibrist der Sprache, –

GUSTAV SEIBT: – der wie kein anderer der heute Schreibenden der Lüge, den falschen Tonfällen, den angemaßten Bedeutungen einer zunehmend durchgedrehten Öffentlichkeit auf der Spur ist.

VERENA AUFFERMANN: – ein Connaisseur des Spiels, ein mitleidloser und linguistisch durchtrainierter Trickser.

JÖRG DREWS: – der das gehobene Blödeln nicht lassen kann.

WALTER HINCK: Er ist ein Bücherwurm, ein Klassenprimus, immerfort beflissen, seine Kunst- und Literaturkenntnisse zu präsentieren, aber einer, der mit seinem Wissen Kapriolen schlägt, ein Jongleur.

VERENA AUFFERMANN: – Zweifler, Fallensteller, Menschenkenner, Literaturbesessener und Stilist.

JÖRG DREWS: – der bedeutendste deutsche Prosaschriftsteller unserer Zeit.

OCTAVIO PAZ: Es ist noch zu früh, eine dieser Bilanzen zu ziehen, die Kritiker und Historiker so lieben.

HELMUT HEISSENBÜTTEL: Er ist, neben Beckett oder Nathalie Sarraute, das wahre Gleichnis und Pardoxon der heutigen literarischen Situation. Wir haben, denke ich, zur Zeit in Deutschland kein instruktiveres.

IRIS RADISCH: Als diffizile Akrobatik einer sich ständig

selbst multiplizierenden und reflektierenden Geschichte ist ähnliches schon von Jean Paul und seinen Vorvätern mit einigem Erfolg versucht worden.

WOLFRAM SCHÜTTE: Es gibt, wie er nun mal ist, keinen neben ihm. Man müßte bis zu Jean Paul zurückgehen, um eine vergleichbare verwandte Natur zu finden.

JOACHIM KAISER: Seit Thomas Mann hat kein deutscher Schriftsteller schöner, hingebungsvoller, neugieriger machend zitieren können.

ECKHARD HENSCHEID: Literaturkritiker, und das stimmt meist leider nicht nur in der Übertreibung, sondern ziemlich wortwörtlich: haben keine Ahnung. Sie können so gut wie nichts, sie wissen zu wenig, sie begreifen kaum etwas – ihnen schwant oft nicht ein Schimmer, wovon und worüber sie schreiben.

MARCEL REICH-RANICKI: So kann in Deutschland nur einer schreiben.

FRANK SCHIRRMACHER: Es gibt in der deutschsprachigen Gegenwartsliteratur kein größeres Talent als diesen Schriftsteller.

HANS CHRISTOPH BUCH: Selbst Streicheleinheiten in Form wohlwollender Rezensionen hinterlassen beim Autor ein Unbehagen, denn sie bleiben dem besprochenen Text zumeist äußerlich und kratzen bloß an dessen Oberfläche.

FRITZ J. RADDATZ: Ein Leseabenteuer allerersten Ranges.

JÖRG DREWS: – das einen mit fortschreitender Lektüre zunehmend mißmutig macht.

THOMAS PYNCHON: Wer das eigene Zentrum von fremden Zentren kolonisieren läßt, und sei es durch Anerkennung, hat nicht viel begriffen.

MARTIN LÜDKE: Witzig, pfiffig, intelligent.

HAJO STEINERT: Ein Bravourstück intelligenter Unterhaltung.

FRITZ J. RADDATZ: Ein Glücksfall.

MARTIN LÜDKE: Wunderbare Komposition, sonderbare Mißgriffe.

WERNER FULD: So ist seit Ingeborg Bachmann in deutscher Sprache nicht mehr gedichtet worden –

BERTOLT BRECHT: Man schreibt doch wirklich nicht ausschließlich zur Klärung der Frage, ob man der neue Shakespeare ist!

LUDGER LÜTKEHAUS: Mein Behagen in und an dieser Zitat-Kultur, die Freude am Wiedererkennen, an der dem Menschen, nicht nur dem Bildungsbürger, nach Thomas Mann so sehr gelegen sein soll, waren indessen nicht ungebrochen. Denn neben dem unbestreitbaren Pläsier habe ich bei diesem Recycling der *literarischen* Wiederverwertungsgesellschaft mitunter eine gelinde Langeweile verspürt –

VOLKER HAGE: – hinter der Anordnung der Teile muß der Arrangeur als Temperament spürbar werden, sonst bleibt der Leser allein.

KARL CORINO: Natürlich wäre es besser gewesen, von Anfang an eine kritische Elle anzulegen, falsche Vergottungen zu verhindern –

WILFRIED SCHOELLER: Eine literarische Sensation sieht freilich anders aus.

E. M. CIORAN: Die literarische Kritik ist ein Widersinn: nicht um den anderen, sondern um sich selbst zu verstehen, soll man lesen.

ANNETTE JANDER: Wenn er sich nur nicht so oft ins Detail vergraben würde, nicht so vernarrt wäre in seine Figuren! Freaks und Horrorgestalten passieren Revue, umtändeln gleichsam den Helden, –

BEATRICE VON MATT: Ein durchsichtiges, in Farben schimmerndes Gebilde entsteht; bei jeder Regung zeitigt es wechselnde und doch ähnliche Figuren der Erkenntnis, –

KLAUS MODICK: In den offenen oder auch kryptischen Verklammerungen zwischen scheinbar disparaten Texten wird deutlich, wie kohärent das Werk dieses Autors ist.

MARCEL REICH-RANICKI: Jedenfalls haben seine Figuren keine Aura, ihnen fehlt ein Hintergrund. Sie leben, sofern sie überhaupt leben, in einem mehr oder weniger neutralen Raum. Alles ist hier austauschbar –

HUBERT WINKELS: Sie gewinnen kaum individuelle Züge, sie leben nicht.

ELFRIEDE JELINEK: Die normale Literaturkritik ist einfach unmusikalisch.

PETER HAMM: In einem Vortrag über Musikkritik meinte unlängst Theodor W. Adorno: »Legitime Kritik muß den Werken voraus sein, die sie kritisiert, muß geradezu Werke erfinden, die sie zu kritisieren vermag –«

THEODOR W. ADORNO: Die Ablehnung hat stets noch die Form dessen, was im Jargon des Dritten Reiches »abschießen« hieß. Meist aber beschränkt sich die Kritik aus Mangel an Freiheit, Distanz und vor allem wirklicher Kenntnis der sachlichen Probleme, in deren Bewältigung künstlerische Arbeit wesentlich besteht, auf eine Art gehobener Information.

VOLKER HAGE: Die Gefahren solcher collagierten literarischen Formen liegen gleichfalls auf der Hand: eine gewisse, fast unvermeidliche Beliebigkeit in der Auswahl und Collage der einzelnen Prosasegmente, –

LUDWIG REINERS: Es gibt Leute, die alle Taschen voller wahllos aufgegriffener Lesefrüchte haben und ihren Mitmenschen damit lästig fallen. Aber zuviel Fallobst ist unbekömmlich.

HOLOFERNES: Ein Kopf, der sich nicht selbst mit Gedanken auszufüllen weiß, der für die Grillen und Einfälle andrer Platz übrig hat, ist nicht wert, daß man ihn füttert!

AUGUST WILHELM SCHLEGEL: Man könnte dies die atomistische Kritik nennen – nach Analogie der atomistischen Physik –, indem sie ein Kunstwerk wie ein Mosaik, wie eine mühsame Zusammenfügung toter Partikelchen betrachtet; da doch jedes, welches den Namen verdient, organischer Natur ist, worin das einzelne nur vermittelst des Ganzen existiert.

WERNER FULD: Kein Welt-, geschweige denn ein Marstheater, sondern leider nur ein maßlos überdimensionierter Flohzirkus.

REINHARD BAUMGART: Als hätte dieser Autor in seinen früheren Büchern nicht mit unscheinbareren Mitteln etwas Wichtigeres vermittelt als kluge Schreibmethoden: die Authentizität seiner Erfahrungen.

ROLF MICHAELIS: Daß der Autor mit den Versatzstücken *bewußt* spielt, macht die Sache nicht besser.

FRANK SCHIRRMACHER: Und plötzlich wird klar, was die Literatur sich vergibt, wenn sie sich von den Wirklichkeiten fernhält.

MAXIM BILLER: – nichts anderes als ein sich selbst betrachtendes kreatives Chaos.

MARCEL REICH-RANICKI: – gewaltsam forcierte Munterkeit, mühsam aufgepumpter Galgenhumor und kaum noch zu überbietende Albernheit.

TETSUGEN GLASSMAN SENSEI: Das siebente Gebot des Shakyamuni Buddha lautet: »Stelle dich nicht über andere, indem du sie kritisierst.«

DIETER E. ZIMMER: – der Kritiker blickt herab auf seinen Gegenstand. Er muß jederzeit und mit jeder Äußerung seinen Kritikerstatus nachweisen und verteidigen, und das heißt: Er muß Abfälliges äußern. Die Aggression weist den Kritiker als eine Person mit unabhängigem Geist aus – er kann sich Feindschaft leisten –; durch Aggression profiliert er sich.

VOLKER HAGE: Realitätsfernes, selbstgenügsames Geplänkel!

FRITZ J. RADDATZ: – nur noch selbstverliebte Spielerei –

GUSTAV SEIBT: – über weite Strecken ungemein langweilig.

MARCEL REICH-RANICKI: – metaphysischer Mumpitz!

JOHANN WOLFGANG VON GOETHE: Üble Laune läßt man in guter Gesellschaft nicht aus, und der muß sehr üble Laune haben, der in dem Augenblicke Deutschland vortreffliche Schriftsteller abspricht, da fast jedermann gut schreibt. Man braucht nicht weit zu suchen, um einen artigen Roman, eine glückliche Erzählung, einen reinen Aufsatz über diesen oder jenen Gegenstand zu finden.

FRANK SCHIRRMACHER: Er hat die Leere nicht ertragen. Er hat sie tapeziert. Eine Collage aus Resten. Ach, die Erleichterung danach.

GUSTAV SEIBT: Nur der Eindruck der Leere und der Kälte bleibt.

ANTON TSCHECHOW: Wenn ich eine Kritik lese, packt mich immer ein gewisses Entsetzen: Leben denn auf Erden so wenig kluge Menschen, daß es nicht einmal Leute gibt, die eine Kritik schreiben können?

MARTIN WALSER: Schließlich möchte man in der Beschreibung der eigenen Mängel wenigstens das Niveau gewahrt sehen, auf dem man diese Mängel selber zur Schau stellte.

SIBYLLE CRAMER: Wir können nicht mehr bewundern. Damit meine ich das vernünftige Lob, den kritischen Enthusiasmus, so etwas wie eine rational kontrollierte Begeisterung.

ECKHARD HENSCHEID: Machte man sich die Mühe, auch nur die groteskesten Fehlurteile Reich-Ranickis während der letzten zehn Jahre zu sammeln und aufzuzählen, das Schicksal pochte als Wahnsinn 49mal an die Türe – aber macht nichts, alles vergessen, weiter wird geröhrt und gedröhnt und Meinung geblökt –

HELLMUTH KARASEK: Wolfram Schütte hat da in der *Frankfurter Rundschau* nicht unrecht, wenn er den Kritikern in dieser Hinsicht verhaltenere Töne anempfiehlt.

HANS MAGNUS ENZENSBERGER: An die Stelle des Rezensenten, der immer noch liest und schreibt, obwohl ihm weder das eine noch das andere gelingen will, treten andere Zirkulationsagenten, denen diese Qual erspart bleibt, als da sind: Medienkontakter, Showmaster, Videodesigner – Leute, die instinktiv erkannt haben, was das Störende, das eigentlich Lästige am Literaturgeschäft ist, nämlich der Text, das Buch, die Literatur.

JÜRG LAEDERACH: Literatur und Kritik gehören zusammen wie Gesäß und Gesicht. Der nie ermüdende Streit, welches von beidem wer sei, war mehrheitlich –

ROBERT GERNHARDT: Kunst und Kritik entspringen einer gemeinsamen Wurzel: der Anmaßung. Von niemandem berufen, maßt sich der Künstler die Fähigkeit an, die bereits seit Generationen nicht mehr faßbare Zahl der Kunstwerke um ein weiteres, vorgeblich unverzichtbares zu bereichern. Durch nichts qualifiziert, maßt sich demgegenüber der Kritiker das Recht an, darüber zu befinden, ob der Künstler aus triftigen Gründen oder schlicht anmaßend gehandelt hat.

ALFRED DÖBLIN: Lest Buchkritiken: es ist zum Kranklachen; das nennt man Urteile –

GEORG WILHELM FRIEDRICH HEGEL: Das Urteil ist die am Begriffe selbst gesetzte Bestimmtheit desselben.

HANS GÜNTHER ADLER: Durch das Urteilen altert der Mensch. Wenn er nicht mehr urteilen kann, dann stirbt er.

ALFRED KERR: Kritiker zu sein ist ein dummer Beruf, wenn man nichts ist, was darüber hinausgeht.

CLAUDE-ADRIEN HELVETIUS: Wer gute Werke zu verfassen imstande ist, belustigt sich nicht damit, die der anderen zu kritisieren.

MARTIN WALSER: Wenn ich die Rolle, die sie in ihren Kritiken aufbauen, in ihre Elemente zerlege, sehe ich, was sie sein wollen: ein bißchen Amtsarzt, ein bißchen Moses, ein bißchen Verkehrspolizist, ein bißchen Weltgeist, ein bißchen Tante Lessing, ein bißchen Onkel Linné, ein bißchen Robert Koch, ein bißchen Mengele, ein bißchen Kaninchen, ein bißchen Schlange, ein bißchen Hausmacher-Intellekt on the rocks und kein bißchen Schriftsteller –

SIBYLLE CRAMER: Solche Kritik an der Kritik hat hierzulande schnell die falschen Bundesgenossen.

HANS MAGNUS ENZENSBERGER: Es soll immer noch Autoren geben, die auf ihre Kritiker schimpfen. Aus schierer Gewohnheit setzen sie eine Kontroverse fort, die nie sonderlich produktiv gewesen ist.

ARNO SCHMIDT: Natürlich ist die Poesie, wie jede andere große Schöne, von der entsprechenden Zahl Verschnittener umgeben; aber: das sind die rechten Mohren, die sich über die schwarzen Flecke in der Sonne freuen!

GEORG WILHELM FRIEDRICH HEGEL: Das negative Urteil ist sowenig ein wahres Urteil als das positive. Das unendliche Urteil aber, das seine Wahrheit sein soll, ist nach seinem negativen Ausdrucke das Negativ-Unendliche, ein Urteil, worin auch die Form –

HEINRICH VORMWEG: Eine Anstrengung für jeden Leser.

HEINRICH DETERING: Das zu lesen ist anstrengend: doch keineswegs alptraumhaft. Denn die Aussichtslosigkeit des Vorhabens, die nichts anderes ist als die Unmög –

UWE WITTSTOCK: – kein leichtes Brot, sie verlangen vom Leser Zeit und Mühe, bevor sie sich ihm öffnen.

GERT UEDING: Der wichtigste Adressat des Literaturkritikers ist das Publikum, das ein Recht darauf hat, nicht gelangweilt zu werden.

HAJO STEINERT: Hauptsache, der Leser wird an der Nase herumgeführt.

ALFRED KERR: Unter den Kritikern hat nur das Recht,

einem abgestempelten »Dichter« zu nahen, wer selbst einer ist.

FRITZ J. RADDATZ: Die Kritiker sind nicht mehr Teil der Literatur. Sie sind nicht mehr Kollegen der Autoren, sondern ihre Benoter. Der wahre Kritiker – wie Walter Benjamin oder Kurt Tucholsky etwa – produziert selbst und weiß deshalb besser Bescheid über die Geheimnisse, Düsterheiten, Abstürze, Verzagtheiten des Schreibers.

HANS CHRISTOPH BUCH: Wer sein Verständnis dessen, was Literaturkritik sei und zu leisten habe, an Lessing und Herder, Karl Kraus oder Walter Benjamin orientiert, kann deren Nachfolgern kein gutes Zeugnis ausstellen.

WALTER BENJAMIN: Die vernichtende Kritik muß sich ihr gutes Gewissen wieder erobern.

JOHANN GOTTFRIED HERDER: Wer nicht beleben kann, soll auch nicht töten.

CLAUDE-ADRIEN HELVETIUS: Das Unvermögen, es besser zu machen, erzeugt die Kritik.

KLAUS STILLER: Literaturkritik hat ihre Rolle ausgespielt. Über ihre künftige Rolle zu diskutieren ist absurd, schädlich, unnütz.

HEINRICH VORMWEG: Einer Reihe von Verlegern ist Literaturkritik auch heute zweifellos nützlich. Etliche Autoren wären ohne sie öffentlich überhaupt nicht existent. Für viele Autoren mehr ist sie jedenfalls ein kaum ersetzliches Werbungsmittel.

MARCEL REICH-RANICKI: Jedenfalls ist es schön, endlich einmal feststellen zu können: Unsere Literatur hat ein Talent mehr – und ein erstaunliches obendrein.

Nachweise

Peter Altenberg (1859-1919)
Regeln für meinen Stammtisch. Aus: Peter Altenberg, Wiener Geschichten. Herausgegeben von Burkhard Spinnen. Frankfurt am Main: Schöffling & Co. 1995.

Walter Benjamin (1892-1940)
Kritik der Verlagsanstalten. Erstdruck im Literaturblatt der *Frankfurter Zeitung* am 16. November 1930. Aus: Walter Benjamin, *Gesammelte Schriften II.2*. Herausgegeben von Rolf Tiedemann und Hermann Schweppenhäuser. Frankfurt am Main: Suhrkamp 1977.
Abdruck mit freundlicher Genehmigung des Suhrkamp Verlages.

Eva Demski (Geboren in Regensburg, lebt in Frankfurt am Main)
Patch-Poems. Erstdruck.
Von Eva Demski erschien zuletzt bei Schöffling & Co.: *Das Meer hört zu mit tausend Ohren. Sappho und die Insel Lesbos*, darin Eva Demskis Übersetzung der wenigen erhaltenen Gedichte und einiger Fragmente der Sappho.

Fritz Rudolf Fries (Geboren 1935 in Bilbao, lebt in Petershagen bei Berlin)
Uwe Johnson. Erstdruck aus dem Manuskript eines Tagebuchs.
Von Fritz Rudolf Fries erschien bei Schöffling & Co.: *An der Ostsee. Unterwegs in Mecklenburg*.

Lioba Happel (Geboren 1957 in Aschaffenburg, lebt in Berlin)
Perdu. Erstdruck.
Die Schneekönigin. Erstdruck.
Lioba Happels neues Gedichtbuch *Der Schlaf überm Eis* erschien in diesem Jahr im Verlag Schöffling & Co.

Klaus Hensel (Geboren 1954 in Kronstadt, lebt in Frankfurt am Main)
Gebet für einen Dichter. Erstdruck aus einem Gedichtmanuskript.
Zuletzt erschien: *Summen im Falsett*. Gedichte und Bilanzen aus dem Stracciafoglio Romano. Mit Photographien von Bernhard Prinz. Rom: Deutsche Akademie/Villa Massimo 1995.

Ulrich Holbein (Geboren 1953 in Erfurt, lebt in Allmuthshausen)
Kritikerdebatte über eine Zitatcollage. Erstdruck.
Von Ulrich Holbein erschienen zuletzt u.a.: *Knallmasse*. Ein kosmisches Märchen (bei Gerstenberg) und *Ozeanische Sekunde* in der edition suhrkamp (es 1771).

Reinhard Kaiser (Geboren 1950 in Viersen am Niederrhein, lebt in Frankfurt am Main)
Die Lupe. Aus einem Roman. Im Frühjahr 1995 erschien Reinhard Kaisers zweiter Roman *Eos' Gelüst*: »Wer noch immer glaubt, daß deutschsprachige Gegenwartsautoren nur einen schweren Griffel zu führen vermögen und nicht mit Esprit und leichter Feder ihre Leser unterhalten können, dem sei Kaisers Roman besonders ans Herz gelegt.« Thomas Diecks, *Neue Zürcher Zeitung*

Jan Koneffke (Geboren 1960 in Darmstadt, lebt zur Zeit in Rom)
Notmelder. Aus einem Gedichtmanuskript.
Zuletzt erschien 1991 der Roman *Bergers Fall*.

Klaus Modick (Geboren 1951 in Oldenburg, lebt in Wiefelstede)
Kreisquadraturen im Wasserglas. Ein Selbstgespräch. Geschrieben für *Von Büchern & Lesern*.
Von Klaus Modick erschien im vergangenen Jahr der Roman *Der Flügel*, in diesem Jahr der Roman *Das Kliff*.

Helga M. Novak (Geboren 1935 in Berlin, lebt in Polen)
Monolog eines Buchhändlers. Aus: Helga M. Novak, *Aufenthalt in einem irren Haus*. Gesammelte Prosa. Frankfurt am Main: Schöffling & Co. 1995.

Hans Pleschinski (Geboren 1956 in Celle, lebt in München)
Die goldenen Achtziger: Meine Lektüren. Erstdruck.
In diesem Herbst erschien von Hans Pleschinski bei Schöffling & Co. der große »Roman zur See« *Brabant.*

Jennifer Poehler (Geboren 1958 in München, lebt in Berlin)
landschaft fix vergangen. Erstdruck.
Im letzten Jahr erschien Jennifer Poehlers erstes Gedichtbuch *Türkises Alphabet* bei Schöffling & Co.: »Jennifer Poehler tut man kein Unrecht, wenn man sie für einen neu aufgegangenen Stern am blassen Himmel der deutschen Lyrik hält.« Oliver Seppelfricke, *Süddeutscher Rundfunk*

Jochen Schimmang (Geboren 1948 in Northeim, lebt in Köln)
BUCH ZEIT ORT. Die erste Folge einer Serie, »die ich so gut fünf, sechs Jahre lang machen möchte.«
Zuletzt erschien von Jochen Schimmang: *Königswege*, ein Buch mit »einnehmend erzählten Geschichten, deren Lektüre fast wieder daran glauben läßt, daß man auch heutzutage noch glücklich werden könnte.« Helmuth Kiesel, *Frankfurter Allgemeine Zeitung*

Michael Schulte (Geboren 1941 in München, lebt in Cincinnati, Ohio)
Anfänge. Aus Michael Schultes neuem Erzählungsband, der im Frühjahr 1996 bei Schöffling & Co. erscheinen wird. Bereits erschienen ist der Roman *Unbekannt verzogen*: »Gäbe es in diesem Land einen Preis für das belesenste, schrulligste und zugleich humorvollste Buch, Michael Schulte und *Unbekannt verzogen* könnten seiner sicher sein.« Michael Bauer, *Süddeutsche Zeitung*

Burkhard Spinnen (Geboren 1956 in Mönchengladbach, lebt in Münster)
Das Buch im Film. Fortsetzungsgeschichte und Rätsel in einem, geschrieben exclusiv für *Von Büchern & Lesern.*
Burkhard Spinnens erster Roman *Langer Samstag* ist im Sommer 1995 bei Schöffling & Co. erschienen.

Guntram Vesper (Geboren 1941 in Frohburg, lebt in Göttingen)
Die Krankheit, zu schreiben. Erstdruck in der *Frankfurter Rundschau* am 5. November 1994

Ulrich Weinzierl (Geboren 1954 in Wien, lebt dort)
Gut gelaunt genießen. Erstdruck in der *Frankfurter Allgemeinen Zeitung* vom 4. Juli 1995. Abdruck mit freundlicher Genehmigung des Autors. Zuletzt erschienen: Ulrich Weinzierl, *Arthur Schnitzler.* Lieben Träumen Sterben. Frankfurt am Main: S. Fischer 1994 und *Noch ist das Lied nicht aus.* Österreichische Poesie aus neun Jahrhunderten. Herausgegeben von Ulrich Weinzierl. Salzburg: Residenz 1995.

Michael Winter (Geboren 1946 in Braunschweig, lebt in Koblenz)
Wieland und die Badewanne. Aus: *Aufklärung als Problem und Aufgabe.* Festschrift für Sven-Aage Jørgensen. *Text & Kontext,* Sonderreihe, Band 33, 1994.
Zuletzt erschien von Michael Winter: *Ende eines Traums.* Blick zurück auf das utopische Zeitalter Europas. Stuttgart und Weimar: J.B. Metzler 1993.

Peter Altenberg *Wiener Geschichten*

Eva Demski *Land & Leute*

Eva Demski *Das Meer hört zu mit tausend Ohren*

Fritz Rudolf Fries *An der Ostsee*

Max Frisch *In Amerika*

Lioba Happel *Der Schlaf überm Eis.* Gedichte

Markus Hattstein *Wörterbuch des Teufels*

Reinhard Kaiser *Eos' Gelüst.* Roman

Elsemarie Maletzke *Very British!*

Klaus Modick *Der Flügel.* Roman

Klaus Modick *Das Kliff.* Roman

Helga M. Novak *Aufenthalt in einem irren Haus*

Hans Pleschinski *Brabant.* Roman

Jennifer Poehler *Türkises Alphabet.* Gedichte

Jochen Schimmang *Königswege*

Michael Schulte *Unbekannt verzogen.* Roman

Andrea Simmen *Vielleicht heißt er Paul*

Burkhard Spinnen *Kalte Ente.* Geschichten

Burkhard Spinnen *Langer Samstag.* Roman

Karen Usborne *Elizabeth von Arnim.* Eine Biographie

Virginia Woolf *Am Mittelmeer*

Das Bärenbuch

Katzenliebe. Ein Lesebuch

Der literarische Katzenkalender 1996

Von Büchern & Lesern